Jean Edie

Dieu, l'Afrique et Moi

Jean Edie

Dieu, l'Afrique et Moi

Réponses Divines aux Interrogations d'un Jeune Africain

Éditions Croix du Salut

Imprint
Any brand names and product names mentioned in this book are subject to trademark, brand or patent protection and are trademarks or registered trademarks of their respective holders. The use of brand names, product names, common names, trade names, product descriptions etc. even without a particular marking in this work is in no way to be construed to mean that such names may be regarded as unrestricted in respect of trademark and brand protection legislation and could thus be used by anyone.

Cover image: www.ingimage.com

Publisher:
Éditions Croix du Salut
is a trademark of
Dodo Books Indian Ocean Ltd. and OmniScriptum S.R.L publishing group

120 High Road, East Finchley, London, N2 9ED, United Kingdom
Str. Armeneasca 28/1, office 1, Chisinau MD-2012, Republic of Moldova, Europe
Printed at: see last page
ISBN: 978-620-6-17037-2

DÉDICACE

À tous les jeunes africains qui, malgré les défis, continuent de rêver, d'espérer, et de travailler pour un avenir meilleur.

À nos ancêtres, dont la résilience et la sagesse ont tracé les chemins que nous empruntons aujourd'hui.

À nos parents, qui nous ont transmis les valeurs de courage, de respect et d'amour.

À nos enseignants et mentors, qui ont nourri notre curiosité et encouragé notre quête de connaissance.

À ceux qui luttent pour la justice, l'égalité et la paix, et qui ne renoncent jamais à leurs idéaux.

À tous ceux qui embrassent la diversité et voient la beauté dans chaque différence.

À l'Afrique, notre terre nourricière, riche de son histoire, de ses cultures, et de ses promesses.

Et à Dieu, source de toute sagesse et de tout amour, qui guide nos pas dans la lumière de la vérité.

Ce livre est pour vous.

Avec gratitude et espoir,

Jean Edie

TABLE DES MATIÈRES

INTRODUCTION

Dans un futur proche, où les métropoles africaines brillent de mille feux sous un ciel étoilé, où les progrès technologiques et les traditions séculaires se fondent dans une harmonie surprenante, un jeune africain se tient à la croisée des chemins. Ses pensées tourbillonnent dans l'obscurité tranquille de la nuit, portées par un désir ardent de comprendre sa place dans l'univers, son rôle dans l'épanouissement de son continent, et les mystères qui entourent son existence.

Il s'appelle Kofi, un nom hérité de ses ancêtres, porteur d'une histoire et d'une identité profondément enracinées dans le sol africain. Diplômé brillant mais chômeur, il erre dans les rues pavées de son quartier, où les murmures de la ville endormie résonnent comme une mélodie ancienne. Les technologies avancées s'infiltrent dans les coins les plus reculés de sa ville, pourtant les cicatrices des luttes passées et les défis présents sont encore palpables.

C'est une époque où les frontières entre le divin et l'humain semblent plus floues que jamais. Les satellites tournent autour de la Terre, les communications se font en un clin d'œil, mais les questions essentielles de l'âme humaine restent sans réponse. Kofi, assis sous un baobab millénaire, songe à l'avenir de son continent. Il ferme les yeux, laissant son esprit voyager au-delà des étoiles, espérant une intervention divine.

Puis, dans la tranquillité de cette nuit étoilée, une lumière douce mais puissante l'enveloppe. Une présence se fait sentir, bienveillante et infiniment sage. Kofi sait qu'il n'est plus seul. Un dialogue commence, un échange entre le mortel et le divin, où chaque question brûlante trouve une réponse céleste. Dieu, dans sa majesté infinie, répond à Kofi, apportant clarté et espoir.

« Pourquoi suis-je né ici, sur cette terre africaine ? » murmure-t-il, le cœur battant d'une curiosité profonde.

Et la voix divine résonne, sereine et réconfortante : « Parce que chaque âme a une mission particulière, et la tienne est ici, dans ce berceau de l'humanité, où les rêves anciens rencontrent les aspirations modernes. »

Ainsi commence leur dialogue extraordinaire. Dieu et Kofi, un jeune africain en quête de vérité, explorent ensemble les mystères de l'existence, les défis de l'Afrique, et les promesses d'un avenir radieux. Au fil de leurs conversations, les réponses divines éclairent les doutes de Kofi, tissant un récit puissant d'espoir et de rédemption pour lui et pour son continent.

CHAPITRE 1

Origine et Destin

Kofi regardait le ciel nocturne depuis le sommet d'une colline surplombant la ville de Kumasi. Les étoiles brillaient intensément, telles des joyaux incrustés dans la voûte céleste. L'air était frais, et le bruissement des feuilles du baobab centenaire à ses côtés semblait chuchoter des secrets anciens. Kofi ressentait un mélange de paix et de tourment intérieur. Pourquoi était-il né ici, en Afrique, et non ailleurs ?

Perdu dans ses pensées, il ferma les yeux et murmura une prière. « Dieu, pourquoi suis-je né en Afrique et non en Europe ou en Amérique ? » C'était une question qui l'avait tourmenté depuis des années, une question qui semblait contenir toutes ses frustrations et ses aspirations.

Soudain, une lumière douce l'enveloppa. Le monde autour de lui s'effaça, et Kofi se retrouva dans une vaste étendue lumineuse, où le temps semblait suspendu. Une présence bienveillante se fit sentir, une force calme et infiniment sage.

« Mon enfant, » dit la voix divine, résonnant comme un écho éternel. « Chaque âme choisit son lieu de naissance pour des raisons qui vont bien au-delà des simples géographies terrestres. »

Kofi ouvrit les yeux et se retrouva face à une silhouette lumineuse, dont l'aura rayonnait d'une chaleur réconfortante. « Pourquoi l'Afrique ? » demanda-t-il, son cœur battant d'une curiosité profonde.

« L'Afrique, » commença Dieu, « est un berceau de vie, un lieu de richesses naturelles et culturelles inégalées. C'est un continent où les âmes peuvent grandir en résilience, en force et en sagesse. Tu es né ici pour une raison précise, pour accomplir une mission qui ne pouvait être réalisée ailleurs. »

Kofi écoutait, fasciné. « Mais pourquoi moi ? Pourquoi pas en Europe ou en Amérique où les opportunités semblent plus nombreuses ? »

La lumière divine se fit plus intense, et Kofi se sentit transporté à travers l'espace et le temps. Il vit des scènes de l'histoire africaine défiler devant ses yeux : les grandes civilisations d'Égypte et de Nubie, les royaumes prospères de Ghana, de Mali et de Songhaï, les souffrances et les triomphes des peuples africains à travers les siècles.

« L'Europe et l'Amérique ont leurs propres défis et bénédictions, » répondit Dieu. « Mais l'Afrique, avec ses luttes et ses triomphes, forge des esprits uniques, des esprits capables de transformer les défis en opportunités. Tu as en toi la force de tes ancêtres, la sagesse des anciens, et la créativité nécessaire pour contribuer à l'épanouissement de ce continent. »

Kofi sentit une vague d'émotions l'envahir. Il comprenait maintenant que sa naissance en Afrique n'était pas un hasard, mais une partie d'un plan plus vaste, un dessein divin. « Quelle est ma mission, alors ? » demanda-t-il, déterminé à comprendre son rôle.

« Ta mission, » dit Dieu avec une tendresse infinie, « est de devenir un phare de lumière et d'espoir pour ceux qui t'entourent. Utilise les dons que tu as reçus pour inspirer, pour construire, et pour montrer que l'Afrique est un continent de possibilités infinies. Chaque geste, chaque mot, chaque action que tu entreprendras ici aura une résonance au-delà de ce que tu peux imaginer. »

Le cœur de Kofi se gonfla de gratitude et de détermination. Il comprit que sa naissance en Afrique était une bénédiction, une opportunité unique de faire une différence significative. « Je comprends, » dit-il finalement. « Je ferai de mon mieux pour honorer cette mission. »

La lumière divine s'intensifia encore une fois, enveloppant Kofi d'une chaleur réconfortante. « Souviens-toi toujours, » dit Dieu, « que tu n'es jamais seul. Je suis avec toi, guidant chaque pas de ton voyage. »

Kofi ouvrit les yeux et se retrouva de nouveau sous le baobab millénaire. La nuit était toujours là, paisible et étoilée. Mais quelque chose en lui avait changé. Il savait maintenant que son origine et son destin étaient liés, tissés ensemble dans le grand dessein de l'univers. Avec une nouvelle résolution, il se leva et descendit la colline, prêt à embrasser sa mission et à illuminer l'avenir de son continent.

CHAPITRE 2

La Peau Noire, Une Bénédiction

La lune brillait haut dans le ciel, projetant une lumière argentée sur les paysages africains. Kofi, allongé sur l'herbe tendre, regardait les étoiles, perdu dans ses pensées. Depuis son enfance, il avait souvent entendu des questions sur la couleur de sa peau, des questionnements qui avaient laissé des marques dans son cœur. Pourquoi était-il noir alors que, selon les enseignements religieux, nous descendions tous d'Adam et Ève ? Quelle était la signification divine de cette diversité de teintes et de couleurs?

En quête de réponses, Kofi ferma les yeux et murmura dans la nuit tranquille : « Dieu, pourquoi suis-je noir alors que nous sommes tous fils et filles d'Adam et Ève ? »

Une lumière douce et dorée émergea du ciel étoilé, enveloppant Kofi dans une étreinte apaisante. La voix de Dieu résonna alors, riche de sagesse et de tendresse.

« Mon enfant, » commença Dieu, « la couleur de ta peau est une bénédiction, une partie intégrante de la merveilleuse diversité que j'ai créée. La diversité humaine est un reflet de ma créativité infinie et de mon amour pour la beauté sous toutes ses formes. »

Kofi ouvrit les yeux et vit des images de personnes de différentes races, vivant ensemble en harmonie, chacune avec ses propres traits uniques et beaux. « Mais Seigneur, » demanda-t-il, « pourquoi cette diversité existe-t-elle si nous descendons tous des mêmes ancêtres ? »

Des visions de vastes paysages, des déserts arides aux forêts luxuriantes, des montagnes enneigées aux plages tropicales, apparurent devant lui. « La diversité humaine, » expliqua Dieu, « est une réponse à la diversité de l'environnement. À mesure que les premiers humains se sont dispersés à travers la terre, leurs corps se sont adaptés aux conditions locales pour survivre et prospérer. La couleur de la peau, par exemple, est liée à l'exposition au soleil et à la protection contre les rayons ultraviolets. »

Kofi voyait des scènes d'ancêtres lointains vivant dans différentes régions du monde, chacun s'adaptant à son environnement unique. « Mais il y a plus que des raisons pratiques, » poursuivit Dieu. « La diversité est aussi une célébration de l'individualité et de l'unité. Chaque race, chaque couleur, chaque trait distinctif est une note dans la symphonie de l'humanité, une expression de la beauté multiple de la vie. »

Kofi ressentit une profonde gratitude pour la diversité qui enrichissait le monde. « Seigneur, » demanda-t-il, « quelle est la signification de cette diversité dans ton plan divin ? »

« Mon plan, » répondit Dieu avec une voix emplie de sagesse, « est que l'humanité apprenne à voir au-delà des apparences extérieures pour reconnaître l'âme et la valeur de chaque individu. La diversité est une opportunité d'apprentissage, d'empathie et de croissance. Elle nous enseigne l'importance de l'inclusion, du respect et de l'amour inconditionnel. »

Des images de communautés diverses, où les gens se soutenaient et s'enrichissaient mutuellement, défilèrent devant Kofi. « La couleur de ta peau, » ajouta Dieu, « est une partie de ton identité, de ton héritage et de ta culture. Elle est une source de force, de résilience et de fierté. Embrasse-la comme une bénédiction, car elle est un cadeau unique que j'ai choisi de te donner. »

Kofi sentit une vague de fierté et de reconnaissance envahir son cœur. Il voyait maintenant la beauté de ses traits, la richesse de son héritage africain, et l'importance de son rôle dans le grand tissu de l'humanité. « Seigneur, » dit-il avec gratitude, « merci pour cette compréhension. Je chérirai et honorerai la couleur de ma peau comme une bénédiction divine.»

La lumière divine se dissipa doucement, laissant Kofi seul sous le ciel étoilé. Mais il n'était plus le même. Il avait trouvé des réponses et une nouvelle appréciation de lui-même et des autres. Se levant, il regarda une dernière fois les étoiles avant de se diriger vers sa maison, prêt à partager cette sagesse avec ses proches.

Avec une nouvelle conviction, Kofi marcha à travers les rues de son village, le cœur rempli de fierté et de détermination. Il savait que chaque personne, quelle que soit sa couleur, avait un rôle unique et précieux à jouer dans le monde. Ensemble, ils bâtiraient une communauté où la diversité était célébrée, où chaque individu était valorisé, et où l'amour et l'inclusion régnaient.

Et ainsi, sous le ciel africain étoilé, Kofi embrassa pleinement la bénédiction de sa peau noire, prêt à inspirer les autres à faire de même et à construire un avenir radieux et harmonieux pour tous.

CHAPITRE 3

Le Développement de l'Afrique

La ville de Kumasi était enveloppée dans le calme de la nuit, ses rues baignées de la lumière douce des réverbères solaires. Les silhouettes des bâtiments modernes se détachaient contre l'horizon, symboles d'un continent en transformation. Kofi arpentait les avenues avec une nouvelle détermination, son esprit bouillonnant de questions sur l'avenir de l'Afrique.

Il s'arrêta devant une vaste place, où une statue représentant une figure ancestrale se dressait majestueusement. Les mots de Dieu résonnaient encore dans son esprit, mais une nouvelle interrogation le taraudait. En contemplant la statue, il murmura : « Dieu, quand l'Afrique connaîtra-t-elle son ère de développement et de prospérité ? »

La lumière divine réapparut, plus brillante que jamais, enveloppant la place d'une aura dorée. La présence bienveillante se fit sentir à nouveau, et Kofi sentit une chaleur apaisante se répandre en lui.

« Mon enfant, » dit Dieu avec une voix douce et réconfortante, « l'Afrique se trouve à l'aube de son ère de développement et de prospérité. Le chemin est pavé de défis, mais aussi d'opportunités sans précédent. »

Kofi leva les yeux vers la lumière, son cœur battant d'espoir. « Mais quand exactement, Seigneur ? Quand verrons-nous les fruits de ce développement ? »

« Le développement, » répondit Dieu, « n'est pas une destination, mais un voyage. Les signes de la prospérité sont déjà visibles dans les innovations technologiques, les progrès éducatifs et les initiatives entrepreneuriales que tu vois autour de toi. Cependant, ce voyage demande patience, persévérance et collaboration. Chaque génération apporte sa pierre à l'édifice. »

Kofi repensa aux défis quotidiens de son peuple : la pauvreté, le manque d'infrastructures, les systèmes de santé et d'éducation défaillants. « Mais pourquoi, malgré nos richesses naturelles, demeurons-nous le continent le moins développé ? » demanda-t-il, cherchant à comprendre les racines de ces problèmes.

La lumière divine sembla se concentrer, créant une vision de l'histoire africaine devant les yeux de Kofi. Il vit les riches royaumes d'antan, les périodes de colonisation, les luttes pour l'indépendance, et les décennies de conflits internes et d'exploitation économique.

« L'histoire de l'Afrique est complexe et marquée par des siècles de colonisation et de pillage, » expliqua Dieu. « Les ressources de ce continent ont été exploitées sans bénéfice pour ses habitants, créant des structures économiques inéquitables et des dépendances persistantes. »

« Mais alors, comment pouvons-nous surmonter ces obstacles ? » interrogea Kofi, désireux de trouver des solutions.

« La clé réside dans la compréhension et la réappropriation de vos ressources et de votre destinée, » répondit Dieu. « Cela passe par l'éducation, la justice économique, la solidarité entre les nations africaines, et le leadership éthique et visionnaire. Les jeunes comme toi, armés de connaissances et de détermination, sont les catalyseurs de ce changement.»

Kofi sentit une vague d'inspiration l'envahir. Il voyait les jeunes entrepreneurs, les innovateurs et les activistes de sa génération comme les bâtisseurs de cette nouvelle ère. « Mais quelles actions spécifiques devons-nous entreprendre ? »

« Investissez dans l'éducation et la formation, » dit Dieu. « Soutenez les initiatives locales et développez des infrastructures durables. Favorisez la collaboration régionale pour créer des marchés communs et des alliances stratégiques. Encouragez une gouvernance transparente et responsable, et travaillez à préserver vos ressources naturelles pour les générations futures. »

Kofi comprenait maintenant que le développement de l'Afrique était un effort collectif, une symphonie d'actions coordonnées par des individus déterminés à changer le destin de leur continent. « Nous sommes prêts à relever ce défi, » dit-il avec conviction.

« Et n'oublie jamais, » ajouta Dieu, « que chaque petit pas, chaque effort sincère, contribue à ce grand voyage. L'Afrique porte en elle le potentiel de la renaissance, une renaissance qui honorera la résilience et la beauté de son peuple. »

La lumière divine se dissipa doucement, laissant Kofi seul sur la place, mais avec un cœur rempli d'espoir et de détermination. Il regarda une dernière fois la statue ancestrale, sachant que les esprits de ses ancêtres veillaient sur lui. Avec une nouvelle résolution, il quitta la place, prêt à devenir un acteur du changement et à contribuer à l'essor de l'Afrique, son continent bien-aimé.

CHAPITRE 4

Les Ressources et les Influences Extérieures

Le soleil se levait à l'horizon, baignant Kumasi dans une lumière dorée. Kofi marchait lentement à travers les rues, son esprit tourmenté par de nouvelles questions. Les discussions avec Dieu avaient ouvert ses yeux sur des vérités profondes, mais il sentait qu'il y avait encore tant à comprendre. La question des ressources naturelles, pillées par les étrangers, pesait lourdement sur son cœur.

Il s'arrêta devant un marché animé, où les commerçants disposaient leurs marchandises sous des étals colorés. Les conversations joyeuses et les rires des enfants remplissaient l'air, créant une scène de vie quotidienne vibrante. Mais Kofi ne pouvait s'empêcher de penser à la richesse cachée sous le sol africain, et à ceux qui l'exploitaient sans conscience.

Il leva les yeux vers le ciel et murmura, presque en prière : « Dieu, pourquoi les occidentaux pillent-ils les ressources africaines sans être stoppés ? »

La lumière divine, familière mais toujours impressionnante, enveloppa le marché. Les sons s'atténuèrent, et le monde sembla se dissoudre dans une douce clarté. La voix de Dieu, pleine de sagesse et de compassion, résonna dans l'air.

« Mon enfant, » commença Dieu, « l'histoire de l'exploitation des ressources africaines est longue et douloureuse. Elle est enracinée dans la période de la colonisation, où les puissances occidentales ont imposé leur domination pour extraire les richesses de ce continent au détriment de ses habitants. »

Des images de l'histoire coloniale défilèrent devant les yeux de Kofi : les navires européens accostant les côtes africaines, les traités inéquitables, les mines et les plantations où travaillaient des milliers d'hommes, de femmes et d'enfants. « Mais pourquoi cela continue-t-il aujourd'hui ? » demanda Kofi, son cœur lourd de tristesse.

« La colonisation a laissé des cicatrices profondes et a établi des systèmes de pouvoir et d'exploitation qui perdurent encore, » expliqua Dieu. « Les structures économiques et politiques instaurées pendant cette période ont créé des dépendances et des inégalités qui sont difficiles à démanteler. Les gouvernements corrompus et les multinationales avides en profitent, perpétuant ce cycle d'exploitation. »

Kofi sentit une vague de frustration l'envahir. « Comment pouvons-nous arrêter cela ? » demanda-t-il, désespéré de trouver une solution.

« La clé réside dans une gouvernance responsable et dans la solidarité entre les nations africaines, » répondit Dieu. « Les peuples doivent s'unir pour défendre leurs droits et protéger leurs ressources. L'éducation, la justice, et la transparence sont des outils essentiels pour combattre la corruption et l'exploitation. »

Kofi acquiesça, déterminé à lutter pour un avenir meilleur. Mais une autre question, plus vaste, s'imposait à lui. « Dieu, pourquoi le monde est-il si inégal ? Est-ce de ta volonté ? »

La lumière divine sembla briller plus intensément, et une sensation de paix enveloppa Kofi. « L'inégalité, » dit Dieu, « n'est pas de ma volonté. J'ai créé tous les humains égaux, chacun avec des dons uniques et une mission particulière. Mais j'ai aussi donné à l'humanité le libre arbitre, la liberté de faire des choix. Les inégalités résultent des systèmes de pouvoir et des décisions humaines qui favorisent certains aux dépens des autres. »

Kofi réfléchit profondément à ces mots. « Alors, est-ce à nous de changer ces systèmes ? »

« Oui, » répondit Dieu avec une infinie tendresse. « Vous avez le pouvoir de transformer le monde. Par la compassion, la justice, et l'amour, vous pouvez créer des sociétés plus équitables. Les systèmes de pouvoir actuels peuvent être renversés par des actions collectives et par la volonté de construire un avenir plus juste pour tous. »

Kofi sentit un élan de détermination grandir en lui. Il comprenait maintenant que le changement devait venir de l'intérieur, des choix et des actions de chaque individu. « Merci, Dieu, » murmura-t-il. « Je ferai tout ce qui est en mon pouvoir pour combattre l'injustice et promouvoir l'égalité. »

La lumière divine se dissipa doucement, laissant Kofi seul sur le marché animé. Mais il n'était plus le même. Il savait maintenant que chaque action, chaque décision qu'il prenait pouvait contribuer à un monde meilleur. Avec une nouvelle résolution, il se mêla à la foule, prêt à inspirer et à mener ses compatriotes vers un avenir de justice et de prospérité.

Alors qu'il marchait parmi les étals, saluant les commerçants et les passants, Kofi sentait le poids de sa mission, mais aussi l'espoir et la force qui l'accompagnaient. Il savait que le chemin serait long et ardu, mais il était prêt à relever le défi, à transformer l'Afrique et le monde, un pas à la fois.

CHAPITRE 5

Gouvernance et Corruption

L'aube se levait sur Kumasi, inondant la ville de ses premières lueurs. Les rayons du soleil perçaient à travers les arbres, créant un spectacle éblouissant de lumière et d'ombre. Kofi, maintenant conscient de sa mission, marchait d'un pas déterminé vers la grande bibliothèque de la ville. Il voulait comprendre les racines de la corruption qui gangrenaient son continent, et trouver des moyens de lutter contre ce fléau.

Assis à une table près de la fenêtre, entouré de vieux livres et de cartes anciennes, il laissait ses pensées dériver. La corruption était un mal insidieux, présent à chaque niveau de la société, dévorant les ressources et détruisant les espoirs des générations futures. Il leva les yeux vers le ciel, cherchant des réponses.

« Dieu, pourquoi la corruption est-elle si endémique en Afrique ? » murmura-t-il, l'esprit en quête de clarté.

La lumière divine apparut une fois de plus, enveloppant Kofi et la bibliothèque d'une lueur douce et réconfortante. La présence bienveillante de Dieu remplit la pièce, et la voix céleste résonna avec sagesse.

« Mon enfant, » dit Dieu, « la corruption en Afrique est le résultat de plusieurs facteurs interconnectés, enracinés dans l'histoire, la culture et l'économie. »

Kofi écoutait attentivement, désireux de comprendre. « Mais quels sont ces facteurs ? »

Des visions de l'histoire du continent se déroulèrent devant lui : la colonisation, les luttes pour l'indépendance, et les décennies de régimes post-coloniaux. « La colonisation a créé des structures de pouvoir autoritaires et des systèmes économiques extravertis, » expliqua Dieu. « Ces structures ont été perpétuées par les élites post-coloniales, souvent formées et influencées par les anciens colonisateurs, et ont conduit à une gouvernance basée sur l'exploitation et le favoritisme. »

Kofi repensa aux nombreux dirigeants corrompus, enrichis aux dépens de leur peuple. « Et la culture ? » demanda-t-il, cherchant à comprendre les aspects sociaux de ce fléau.

« La culture joue également un rôle, » répondit Dieu. « Dans certaines sociétés, les relations familiales et tribales prennent souvent le pas sur les institutions de l'État, menant à des pratiques de népotisme et de clientélisme. Cependant, ces pratiques ne sont pas uniques à l'Afrique, mais trouvent des racines profondes dans l'interaction complexe entre traditions locales et systèmes imposés. »

Kofi comprenait mieux maintenant. La corruption n'était pas simplement une question de moralité, mais une conséquence de facteurs historiques et culturels imbriqués. « Mais que pouvons-nous faire pour changer cela ? » demanda-t-il, déterminé à trouver une solution.

« L'éducation et la sensibilisation sont essentielles, » répondit Dieu. « Encourager la transparence, la responsabilité et l'engagement civique peut aider à transformer les systèmes de gouvernance. Il est crucial de promouvoir des valeurs d'intégrité et de justice à tous les niveaux de la société. Les jeunes, comme toi, ont un rôle clé à jouer en étant des modèles de comportement éthique. »

Kofi sentit une nouvelle flamme d'espoir en lui. Il savait que le changement était possible, mais cela nécessitait un effort collectif et une volonté inébranlable. Mais une autre question le préoccupait encore. « Est-ce que les leaders africains actuels ont un plan divin ? »

La lumière divine s'intensifia légèrement, créant une atmosphère de solennité et de réflexion. « Les leaders, comme tous les humains, ont le libre arbitre, » dit Dieu. « Certains suivent des chemins inspirés par la compassion et la justice, tandis que d'autres sont égarés par le pouvoir et l'avidité. Mon rôle est de guider et d'inspirer, mais les choix finaux appartiennent aux hommes. »

« Alors, il n'y a pas de plan divin spécifique pour chaque leader ? » demanda Kofi, cherchant à comprendre la portée de la guidance divine.

« Chaque leader a la possibilité de s'aligner avec des principes divins de justice, de paix et de service, » répondit Dieu. « Ceux qui écoutent cette guidance peuvent transformer leur leadership en une force positive. Les autres, par leurs choix, peuvent causer des souffrances. Cependant, même dans les moments les plus sombres, il y a toujours une chance de rédemption et de changement. »

Kofi acquiesça, comprenant que la transformation de la gouvernance africaine dépendait de l'éveil moral et spirituel de ses leaders et de ses citoyens. « Nous devons donc œuvrer pour des leaders intègres et inspirés par des valeurs divines, » dit-il avec conviction.

« Oui, » confirma Dieu. « Et souviens-toi, chaque acte de bonté, de justice et de vérité que tu poses est une brique ajoutée à l'édifice d'un avenir meilleur. Les vrais leaders émergeront de ceux qui servent avec humilité et vision. »

La lumière divine se dissipa doucement, laissant Kofi seul dans la bibliothèque. Il se sentit investi d'une nouvelle mission : éduquer, inspirer, et œuvrer pour une gouvernance éthique et transparente. Il savait que le chemin serait difficile, mais avec la guidance divine et la volonté des peuples, le changement était à portée de main.

Se levant de sa chaise, Kofi se dirigea vers la sortie de la bibliothèque, prêt à rejoindre ses amis et à partager avec eux les révélations et la sagesse qu'il avait reçues. Ensemble, ils étaient déterminés à bâtir une Afrique où la corruption serait remplacée par la justice, et où les leaders serviraient avec intégrité et compassion.

CHAPITRE 6

Migration et Réussite

Le soir tombait doucement sur Kumasi, teintant le ciel de nuances d'orange et de pourpre. Kofi marchait à travers les rues animées, perdu dans ses pensées. Il avait récemment appris que plusieurs de ses amis d'enfance avaient quitté l'Afrique pour chercher des opportunités en Europe et en Amérique. Cette question pesait lourdement sur son cœur : pourquoi les jeunes Africains devaient-ils partir loin de chez eux pour réussir ?

Alors qu'il atteignait la rivière qui traversait la ville, il s'assit sur un vieux banc de bois, regardant l'eau scintiller sous les derniers rayons du soleil. Les souvenirs de ses amis lui revenaient en mémoire : leurs rêves, leurs espoirs, et maintenant leurs vies loin de la terre qui les avait vus naître. Levant les yeux vers le ciel étoilé, il murmura : « Dieu, pourquoi les jeunes Africains doivent-ils quitter leur terre pour réussir ailleurs ? »

La lumière divine descendit une nouvelle fois, enveloppant Kofi dans une aura chaude et apaisante. La présence bienveillante de Dieu se fit sentir, et la voix céleste résonna avec douceur.

« Mon enfant, » commença Dieu, « les jeunes Africains quittent souvent leur terre natale en quête de meilleures opportunités, en raison des nombreux défis qu'ils rencontrent chez eux. »

Kofi hocha la tête, pensant aux difficultés économiques, à la corruption et au manque de perspectives. « Quels sont ces défis spécifiques, Seigneur? »

« Les défis sont multiples, » répondit Dieu. « Les économies de nombreux pays africains sont encore en développement, offrant peu d'opportunités d'emplois qualifiés. Les infrastructures éducatives et de santé peuvent être insuffisantes, et la gouvernance corrompue entrave souvent les progrès. En revanche, les pays occidentaux semblent offrir des opportunités de croissance personnelle et professionnelle que beaucoup de jeunes trouvent irrésistibles. »

Kofi comprenait bien ces réalités, ayant vu ses amis lutter pour trouver du travail malgré leurs diplômes. « Mais pourquoi ne pouvons-nous pas créer ces opportunités ici, en Afrique ? » demanda-t-il, cherchant des solutions.

Des images d'initiatives locales et de jeunes entrepreneurs visionnaires apparurent devant lui. « Vous pouvez et devez créer ces opportunités, » répondit Dieu. « La transformation commence par l'investissement dans l'éducation, le soutien aux jeunes entreprises et l'amélioration des infrastructures. Les jeunes Africains ont la créativité et la résilience nécessaires pour bâtir des économies prospères, mais ils ont besoin de soutien et de politiques favorables. »

Kofi sentait une lueur d'espoir grandir en lui. Il savait que le potentiel de son continent était immense, mais qu'il fallait un effort collectif pour le réaliser. « Mais que dire de ceux qui partent et réussissent à l'étranger ? » demanda-t-il. « Sont-ils destinés à rester loin de leur terre natale ? »

La lumière divine sembla briller plus fort, et Kofi ressentit une vague de chaleur. « Ceux qui partent peuvent jouer un rôle crucial en devenant des ponts entre l'Afrique et le reste du monde. Leur succès à l'étranger peut être un atout pour leur pays d'origine. Ils peuvent revenir avec des compétences, des connaissances et des ressources qui aideront à développer leurs communautés. »

Kofi pensa à ses amis expatriés et à leur potentiel à contribuer à l'essor de l'Afrique. « Donc, ils ne sont pas perdus pour nous ? » demanda-t-il, avec une lueur d'espoir.

« Non, » répondit Dieu avec tendresse. « Les jeunes Africains à l'étranger peuvent être des ambassadeurs de leur culture et de leurs valeurs. Leur succès montre au monde le potentiel et le talent de l'Afrique. En revenant, même temporairement, ou en soutenant des initiatives locales depuis l'étranger, ils peuvent aider à bâtir un avenir meilleur pour tous. »

Kofi comprenait maintenant que la migration n'était pas une fin en soi, mais un chapitre dans l'histoire de chaque individu. « Merci, Dieu, » murmura-t-il. « Nous devons travailler ensemble, ici et à l'étranger, pour faire de l'Afrique un continent de prospérité et de réussite. »

La lumière divine se dissipa doucement, laissant Kofi seul sous le ciel étoilé. Mais il n'était plus le même. Il savait que chaque départ, chaque retour, chaque réussite individuelle faisait partie d'un tout plus grand. Avec une nouvelle détermination, il se leva du banc et se dirigea vers sa maison, prêt à inspirer et à motiver ses compatriotes, qu'ils soient sur le continent ou à l'étranger.

Kofi marcha à travers les rues calmes, rempli de l'espoir et de la conviction que l'Afrique pouvait et devait se transformer. Il savait que, malgré les défis, l'avenir était entre les mains des jeunes déterminés à créer un changement. Ensemble, ils bâtiraient un pont entre leurs terres natales et le reste du monde, et l'Afrique brillerait de mille feux, révélant son véritable potentiel

CHAPITRE 7

Cultes et Traditions Africaines

Le crépuscule enveloppait Kumasi, plongeant la ville dans une tranquillité mystique. Kofi, avec son esprit toujours avide de réponses, se rendit à l'ancien sanctuaire situé en bordure de la ville. Les esprits des ancêtres semblaient veiller sur ce lieu sacré, et Kofi sentait que c'était l'endroit idéal pour poser des questions sur les cultes et traditions africaines.

Assis sur un vieux banc en bois, entouré de statues anciennes et de symboles ancestraux, Kofi leva les yeux vers le ciel étoilé. Les légendes et les histoires des anciens retentissaient dans son esprit. Il se demandait si Dieu désapprouvait les cultes et les traditions africaines. « Dieu, » murmura-t-il, « es-tu contre les cultes et traditions africaines ? »

La lumière divine apparut, douce et réconfortante, illuminant le sanctuaire avec une clarté céleste. La voix de Dieu, empreinte de sagesse et de compréhension, résonna dans l'air calme.

« Mon enfant, » commença Dieu, « les cultes et traditions africaines sont des expressions profondes de la spiritualité et de la culture de tes ancêtres. Elles reflètent leur quête de compréhension de l'univers, de leur place dans le monde et de leur relation avec le divin. »

Kofi sentit un apaisement en entendant ces paroles. « Alors, tu n'es pas contre ces pratiques ? » demanda-t-il.

« Je ne suis pas contre les traditions qui respectent la vie, l'amour et la justice, » répondit Dieu. « Cependant, certaines pratiques, comme le culte des idoles, peuvent détourner de la véritable adoration de l'Unique Créateur. Mon souhait est que tous se tournent vers moi dans la vérité et l'esprit, sans intermédiaires qui les éloignent de ma lumière. »

Kofi réfléchit profondément à ces mots. Les cultes et traditions avaient joué un rôle central dans la vie de ses ancêtres, mais il comprenait maintenant qu'il fallait distinguer entre les valeurs culturelles positives et les pratiques qui pouvaient les éloigner de Dieu.

Une autre question, plus complexe, lui vint à l'esprit. « Dieu, est-il vrai que les pasteurs et prêtres missionnaires occidentaux étaient envoyés par leurs gouvernements pour préparer la voie à la colonisation, ou était-ce une simple coïncidence ? »

La lumière divine sembla vibrer avec une intensité accrue. « Les missionnaires ont joué des rôles variés, » expliqua Dieu. « Certains étaient sincèrement motivés par leur foi et leur désir de partager mon message d'amour et de salut. D'autres, malheureusement, étaient instrumentalisés par les pouvoirs coloniaux pour faciliter la domination et l'exploitation des terres et des peuples africains. »

Kofi sentit un mélange d'indignation et de tristesse. « Donc, il y avait une intention politique derrière leur mission ? »

« Oui, » répondit Dieu. « Mais il ne faut pas oublier que, malgré ces intentions politiques, de nombreux missionnaires ont réellement œuvré pour le bien des populations locales, construisant des écoles, des hôpitaux et luttant contre l'injustice. La vérité est complexe et comporte des nuances.»

Kofi pensa aux histoires des marabouts et guérisseurs africains, réputés pour leurs pouvoirs extraordinaires. « Ces missionnaires ont-ils réellement dépouillé les marabouts et guérisseurs africains de leurs superpouvoirs ? »

Une douce brise souffla à travers le sanctuaire, et Dieu répondit : « Les pouvoirs des marabouts et des guérisseurs proviennent de différentes sources. Certains étaient de vrais dons spirituels, tandis que d'autres étaient basés sur la connaissance des herbes et des traditions ancestrales. Les missionnaires, en introduisant de nouvelles croyances et pratiques, ont parfois dévalorisé ces traditions. Cependant, les vrais dons ne peuvent être simplement ôtés, ils peuvent être transformés et réorientés vers le bien commun. »

Kofi ressentit une profonde connexion avec ses ancêtres, comprenant que leur savoir et leurs dons étaient toujours présents, mais qu'ils devaient être adaptés à un nouveau contexte spirituel et social. « Donc, c'était ton plan, Dieu, comme il est écrit dans la Bible et le Coran, que l'on ne devrait pas adorer les idoles ? »

« Mon souhait est que tous se rapprochent de moi, » dit Dieu avec tendresse. « Les écritures saintes exhortent à éviter l'idolâtrie, car elle peut détourner les cœurs de la vraie adoration. Mon plan est d'unir tous les hommes dans l'amour, la justice et la vérité, en respectant les richesses de chaque culture et tradition qui promeuvent ces valeurs. »

Kofi se leva, le cœur rempli d'une nouvelle compréhension et d'un profond respect pour ses ancêtres et leur héritage. Il savait que l'avenir de l'Afrique reposait sur l'équilibre entre le respect des traditions et l'ouverture à une spiritualité universelle. Avec cette sagesse, il se dirigea vers la sortie du sanctuaire, prêt à partager ce nouvel éclairage avec ses compatriotes.

Alors qu'il marchait sous le ciel étoilé, Kofi sentait en lui la force des traditions ancestrales et la guidance divine pour construire un avenir harmonieux, où la spiritualité et la culture s'uniraient pour le bien de tous.

CHAPITRE 8

Histoire et Souffrance

Les nuages lourds et menaçants s'amoncelaient au-dessus de Kumasi, annonçant l'arrivée d'un orage tropical. Kofi aimait ces moments où la nature déchaînait sa puissance, comme pour rappeler aux hommes leur humble place dans le grand ordre des choses. Aujourd'hui, il se sentait en proie à une tempête intérieure, une question le hantant sans cesse : pourquoi l'histoire de l'Afrique était-elle marquée par tant de souffrances ?

Cherchant refuge dans un vieux temple abandonné, il s'assit sur une marche de pierre, écoutant le grondement lointain du tonnerre. Le temple, bien que délabré, gardait une aura de sérénité, et Kofi espérait y trouver des réponses. Levant les yeux vers le ciel assombri, il murmura : « Dieu, pourquoi l'histoire de l'Afrique est-elle marquée par tant de souffrances ? »

Une lumière douce et dorée perça à travers les nuages, enveloppant Kofi et le temple dans une clarté rassurante. La voix de Dieu résonna alors, pleine de sagesse et de compassion.

« Mon enfant, » commença Dieu, « l'histoire de l'Afrique est en effet marquée par de nombreuses souffrances. Mais ces souffrances ne définissent pas l'Afrique ; elles font partie d'un chemin plus vaste et plus complexe. »

Kofi sentit une profonde tristesse en pensant aux siècles de colonialisme, aux guerres civiles, et aux famines qui avaient ravagé son continent. « Pourquoi tant de souffrances, Seigneur ? » demanda-t-il, cherchant à comprendre les raisons profondes.

Des visions de l'histoire africaine défilèrent devant lui : les grandes civilisations anciennes, les royaumes prospères, puis l'arrivée des colonisateurs, le commerce des esclaves, et les luttes pour l'indépendance. « Les souffrances de l'Afrique, » expliqua Dieu, « trouvent leurs racines dans l'exploitation et la domination extérieures, mais aussi dans les divisions internes et les conflits locaux. Le colonialisme a brisé des sociétés complexes et prospères, imposant des frontières artificielles et des systèmes de gouvernance étrangers. »

Kofi comprenait que l'histoire de son continent était faite de contrastes, de grandeur et de douleur. « Mais pourquoi ces souffrances ont-elles duré si longtemps ? » demanda-t-il, le cœur lourd.

« La persistance de la souffrance, » répondit Dieu, « est souvent le résultat de cycles de violence et d'injustice qui se perpétuent. La lutte pour le pouvoir, l'avidité, et l'exploitation ont alimenté ces cycles. Cependant, il est crucial de se rappeler que, malgré les épreuves, l'esprit africain a toujours montré une résilience remarquable. »

Kofi sentit une étincelle d'espoir. Il savait que, malgré les souffrances, l'Afrique avait une histoire de courage et de résistance. « Est-ce que cela signifie que notre histoire de souffrance peut changer ? » demanda-t-il, cherchant des signes d'espoir.

La lumière divine s'intensifia légèrement, emplissant Kofi d'une chaleur réconfortante. « Oui, mon enfant, » répondit Dieu. « Le passé est un enseignement, mais il ne doit pas déterminer l'avenir. Les souffrances de l'histoire peuvent être transformées en leçons de sagesse et de compassion. En apprenant du passé, l'Afrique peut bâtir un avenir de paix, de justice et de prospérité. »

Kofi regarda les nuages commencer à se dissiper, laissant place à un ciel plus clair. « Que devons-nous faire pour transformer notre avenir, Seigneur? » demanda-t-il, désireux de connaître la voie à suivre.

« Il faut honorer la mémoire de ceux qui ont souffert et se battre pour un avenir meilleur, » répondit Dieu. « Cela commence par la réconciliation et le pardon, tant au niveau individuel que collectif. Investissez dans l'éducation, car elle est la clé pour briser les cycles de pauvreté et de violence. Promouvez la justice et l'égalité, et soutenez les initiatives locales qui visent à améliorer la vie des communautés. »

Des images de projets communautaires, d'écoles florissantes et de leaders inspirants défilèrent devant Kofi. « Mais surtout, » ajouta Dieu, « ne perdez jamais espoir. L'Afrique est un continent de possibilités infinies. Votre résilience, votre créativité et votre diversité sont vos plus grandes forces. Ensemble, vous pouvez transformer les cicatrices du passé en un avenir radieux. »

Kofi sentit une profonde paix envahir son cœur. Il savait que, malgré les souffrances, l'Afrique avait un potentiel immense pour se réinventer et prospérer. « Merci, Dieu, » murmura-t-il. « Nous travaillerons ensemble pour créer un avenir meilleur. »

La lumière divine se dissipa doucement, laissant Kofi seul dans le temple abandonné. Mais il n'était plus le même. Il avait trouvé des réponses et une nouvelle détermination. Se levant, il sortit du temple et regarda le ciel dégagé. L'orage était passé, laissant place à un calme serein et à un air frais.

Avec une nouvelle conviction, Kofi marcha vers la ville, prêt à partager les révélations et les espoirs qu'il avait reçus. Il savait que, malgré les défis, l'Afrique avait en elle la capacité de se relever et de briller. Ensemble, ils transformeraient les souffrances du passé en une source de force et de sagesse pour l'avenir.

CHAPITRE 9

Potentiel Économique

Le vent chaud de l'harmattan soufflait doucement sur Kumasi, apportant avec lui une odeur de terre et de promesses lointaines. Kofi, assis sous un baobab majestueux, regardait les enfants jouer autour de lui, leurs rires éclatant dans l'air du soir. Il pensait à l'avenir de ces enfants, à leur potentiel et aux défis économiques auxquels ils seraient confrontés. Une question brûlait dans son esprit : l'Afrique pouvait-elle un jour devenir une force économique mondiale ?

Les étoiles commençaient à briller dans le ciel nocturne lorsqu'il leva les yeux et murmura : « Dieu, l'Afrique peut-elle un jour devenir une force économique mondiale ? »

Une lumière dorée descendit du ciel, enveloppant Kofi et l'arbre sous lequel il était assis. La présence apaisante de Dieu se fit sentir, et la voix divine résonna avec douceur.

« Mon enfant, » commença Dieu, « l'Afrique a un potentiel immense pour devenir une force économique mondiale. Cependant, plusieurs conditions doivent être remplies pour que ce potentiel soit pleinement réalisé. »

Kofi, plein d'espoir, écoutait attentivement. « Quelles sont ces conditions, Seigneur ? » demanda-t-il, désireux de connaître les étapes nécessaires pour atteindre cet objectif.

« Il y a plusieurs éléments essentiels, » répondit Dieu. « Tout d'abord, il est crucial de stabiliser les gouvernements et de promouvoir la bonne gouvernance. La corruption doit être combattue de manière rigoureuse, et les institutions doivent être renforcées pour garantir la transparence et la justice. »

Des images de leaders inspirants et de gouvernements stables apparurent devant Kofi. Il comprenait l'importance d'une base politique solide. « Quoi d'autre est nécessaire ? » demanda-t-il.

« L'éducation est un pilier fondamental, » continua Dieu. « Investir dans une éducation de qualité pour tous, développer des compétences techniques et professionnelles, et encourager l'innovation et la recherche sont des éléments clés pour créer une main-d'œuvre compétente et adaptable. »

Kofi imaginait des écoles et des universités prospères, des jeunes Africains bien formés et prêts à relever les défis de demain. « Et en ce qui concerne l'économie elle-même ? » demanda-t-il.

« Diversifiez vos économies, » répondit Dieu. « Ne dépendez pas uniquement des ressources naturelles. Investissez dans l'industrie manufacturière, les technologies de l'information, l'agriculture durable et les énergies renouvelables. Développez des infrastructures modernes pour faciliter le commerce et l'innovation. »

Des visions de villes modernes, de parcs industriels et de fermes prospères défilèrent devant Kofi. Il voyait un continent dynamique et interconnecté. « Mais comment pouvons-nous attirer les investissements et les partenariats internationaux ? » demanda-t-il, conscient de l'importance des relations économiques mondiales.

« Créez un environnement favorable aux affaires, » expliqua Dieu.

« Assurez-vous que les lois et les régulations sont claires et équitables. Promouvez des politiques fiscales attractives et protégez les droits de propriété. La confiance et la stabilité attireront les investisseurs. »

Kofi savait que cela nécessiterait un effort concerté de la part de tous les secteurs de la société. « Et le rôle de la diaspora africaine ? » demanda-t-il, pensant à ses amis et à sa famille vivant à l'étranger.

« La diaspora africaine joue un rôle crucial, » répondit Dieu. « Les Africains à l'étranger peuvent apporter des investissements, des compétences et des réseaux internationaux. Encouragez-les à participer au développement de leur pays d'origine par des partenariats, des transferts de compétences et des initiatives entrepreneuriales. »

Kofi ressentit une profonde gratitude pour la sagesse divine qu'il recevait. Il savait que le chemin serait long et ardu, mais il était convaincu que l'Afrique pouvait réaliser ce rêve.

« Seigneur, » demanda-t-il enfin, « quels sont les scénarios potentiels pour l'avenir économique de l'Afrique ? »

La lumière divine s'intensifia légèrement, remplissant Kofi d'une chaleur réconfortante. « Il y a plusieurs chemins possibles, » répondit Dieu. « Dans le meilleur des scénarios, l'Afrique pourrait devenir un centre d'innovation technologique, un leader mondial en matière d'énergie renouvelable et un moteur de croissance économique globale. Les pays africains pourraient former des unions économiques solides, facilitant le commerce intra-africain et augmentant leur pouvoir de négociation sur la scène mondiale. »

Kofi voyait un avenir où l'Afrique était un phare de prospérité et de progrès, un modèle pour le reste du monde. « Et dans le pire des scénarios ?» demanda-t-il, cherchant à comprendre les risques.

« Le pire des scénarios serait la persistance de la corruption, des conflits et de l'instabilité, empêchant tout progrès significatif, » répondit Dieu avec gravité. « Cependant, même dans ce cas, il y aurait toujours des opportunités de redressement et de renaissance. La résilience et la détermination des peuples africains sont des forces puissantes qui peuvent surmonter les obstacles les plus difficiles. »

Kofi sentit une détermination renouvelée. « Nous travaillerons sans relâche pour réaliser le meilleur des scénarios, » dit-il avec conviction.

La lumière divine se dissipa doucement, laissant Kofi seul sous le baobab. Mais il n'était plus le même. Il avait trouvé des réponses et une vision claire de ce qui devait être fait. Se levant, il regarda une dernière fois les étoiles avant de se diriger vers sa maison, prêt à inspirer ses compatriotes à travailler ensemble pour transformer leur continent en une force économique mondiale.

Avec une nouvelle conviction, Kofi marcha à travers les rues calmes de Kumasi, le cœur plein d'espoir et de détermination. Il savait que l'avenir de l'Afrique était entre les mains de ceux qui croyaient en son potentiel et qui étaient prêts à travailler pour le réaliser. Ensemble, ils bâtiraient un avenir radieux et prospère pour les générations à venir.

CHAPITRE 10

Conflits et Paix

La lune brillait haut dans le ciel nocturne, projetant une lumière argentée sur la ville de Kumasi. Kofi, marchant silencieusement à travers les rues endormies, se dirigeait vers un sanctuaire ancien niché au cœur d'une forêt dense. Ce soir, son cœur était lourd de questions sur les conflits incessants qui semblaient hanter l'Afrique. Pourquoi tant de guerres et de violences ? Pourquoi tant de souffrances et de divisions ?

Arrivé au sanctuaire, il s'agenouilla devant un autel de pierre, entouré de vieux symboles gravés par des générations de chercheurs de paix. Levant les yeux vers le ciel étoilé, il murmura : « Dieu, pourquoi y a-t-il tant de guerres et de conflits sur notre continent ? »

La lumière divine descendit avec une douceur inégalée, enveloppant Kofi et le sanctuaire dans une lueur apaisante. La voix de Dieu résonna alors, empreinte de sagesse et de compassion.

« Mon enfant, » commença Dieu, « les conflits et les guerres en Afrique ont des racines profondes et multiples. Comprendre ces racines est la première étape vers la paix. »

Kofi écoutait avec une attention soutenue, conscient de l'importance des paroles divines. « Quelles sont ces racines, Seigneur ? » demanda-t-il, avide de comprendre.

Des images de l'histoire africaine apparurent devant lui : les divisions ethniques, les frontières coloniales tracées sans respect pour les peuples locaux, les luttes pour le pouvoir et les ressources. « Les conflits en Afrique, » expliqua Dieu, « sont souvent le résultat de la combinaison de facteurs historiques, politiques, économiques et sociaux. »

Kofi voyait des scènes de colonisation, de luttes pour l'indépendance, et de guerres civiles. « Les frontières coloniales ont divisé des communautés et forcé des groupes ethniques différents à cohabiter, » poursuivit Dieu. « Cela a créé des tensions et des rivalités qui ont souvent dégénéré en conflits. »

Il comprenait maintenant que les blessures laissées par le colonialisme étaient profondes et complexes. « Mais qu'en est-il des conflits modernes, Seigneur ? » demanda-t-il.

« Les conflits modernes sont souvent alimentés par des inégalités économiques, des gouvernances faibles, et la lutte pour le contrôle des ressources naturelles, » répondit Dieu. « La corruption, le népotisme, et l'absence d'institutions solides exacerbent ces tensions. »

Kofi pensait aux riches ressources naturelles de l'Afrique, souvent sources de convoitise et de violence. « Alors, comment pouvons-nous briser ce cycle de conflits ? » demanda-t-il avec une détermination renouvelée.

« La paix, » répondit Dieu, « commence par la justice. Promouvez la justice sociale et économique, garantissez l'accès équitable aux ressources et aux opportunités. Renforcez les institutions démocratiques pour assurer la transparence et la responsabilité. »

Des images de tribunaux justes, de leaders intègres, et de communautés prospères apparurent devant Kofi. « Mais cela nécessite également un changement de mentalité, » ajouta Dieu. « Il est crucial de promouvoir une culture de paix, de dialogue, et de réconciliation. Encouragez les initiatives locales qui visent à résoudre les conflits de manière pacifique et à promouvoir la compréhension mutuelle. »

Kofi se souvenait des histoires de chefs traditionnels qui avaient résolu des conflits par la médiation et la sagesse. « Et comment pouvons-nous intégrer les jeunes dans ce processus de paix ? » demanda-t-il, pensant aux futures générations.

« Les jeunes sont la clé, » répondit Dieu. « Éduquez-les sur l'importance de la paix et du dialogue. Donnez-leur les outils et les plateformes pour exprimer leurs voix et contribuer au processus de paix. Encouragez les programmes de mentorat et de leadership qui les préparent à devenir les futurs artisans de la paix. »

Kofi imaginait des écoles enseignant non seulement les matières académiques, mais aussi les valeurs de paix, de tolérance, et de respect mutuel. « Nous devons également impliquer les femmes dans les processus de paix, » ajouta Dieu. « Leur rôle est crucial et souvent sous-estimé. Elles apportent des perspectives uniques et essentielles pour la réconciliation et la reconstruction. »

Kofi voyait des femmes leaders, des médiatrices, et des activistes travaillant pour la paix dans leurs communautés. Il savait que l'inclusion de toutes les voix était essentielle pour construire une paix durable.

« Seigneur, » demanda-t-il enfin, « quel est le chemin vers un avenir de paix pour l'Afrique ? »

La lumière divine s'intensifia légèrement, emplissant Kofi d'une chaleur réconfortante. « Le chemin vers la paix, » répondit Dieu, « est pavé de justice, de dialogue, et de coopération. Il nécessite un engagement collectif et une vision partagée. Chaque acte de bonté, chaque geste de réconciliation, et chaque effort pour promouvoir la justice contribue à bâtir une Afrique pacifique. »

Kofi sentit une profonde paix envahir son cœur. Il savait que, malgré les défis, l'Afrique avait en elle le potentiel de transformer les conflits en opportunités de croissance et de renouveau. « Merci, Dieu, » murmura-t-il. « Nous travaillerons sans relâche pour réaliser cette vision de paix. »

La lumière divine se dissipa doucement, laissant Kofi seul dans le sanctuaire. Mais il n'était plus le même. Il avait trouvé des réponses et une nouvelle détermination. Se levant, il regarda une dernière fois le sanctuaire avant de se diriger vers sa maison, prêt à inspirer ses compatriotes à travailler ensemble pour transformer leur continent en une terre de paix.

Avec une nouvelle conviction, Kofi marcha à travers les rues calmes de Kumasi, le cœur plein d'espoir et de détermination. Il savait que l'avenir de l'Afrique était entre les mains de ceux qui croyaient en son potentiel et qui étaient prêts à travailler pour le réaliser. Ensemble, ils bâtiraient un avenir radieux et prospère pour les générations à venir.

Chapitre 11

Ressources Naturelles: Bénédiction ou Malédiction ?

La brume du matin s'élevait lentement au-dessus des collines luxuriantes de Kumasi, révélant une terre riche en promesses et en potentiels. Kofi, les mains enfouies dans les poches de sa veste, marchait à travers les champs verdoyants, contemplant la richesse naturelle de son continent. Depuis des siècles, l'Afrique était connue pour ses vastes ressources naturelles – or, diamants, pétrole, et bien d'autres trésors. Mais cette abondance était-elle une bénédiction ou une malédiction ?

Troublé par cette question, Kofi se dirigea vers une petite clairière où un ancien arbre sacré se dressait majestueusement. C'était un lieu de sagesse et de méditation, où les anciens du village venaient chercher des réponses aux questions profondes. Kofi s'agenouilla devant l'arbre et murmura : « Dieu, les ressources naturelles de l'Afrique sont-elles une bénédiction ou une malédiction ? »

Une lumière dorée, douce et apaisante, émana de l'arbre sacré, enveloppant Kofi dans une étreinte chaleureuse. La voix de Dieu résonna alors, imprégnée de sagesse et de compassion.

« Mon enfant, » commença Dieu, « les ressources naturelles de l'Afrique sont une bénédiction en elles-mêmes. Elles sont un don de la terre, une manifestation de l'abondance et de la richesse naturelle. Cependant, leur impact dépend de la manière dont elles sont gérées et utilisées. »

Kofi écoutait attentivement, comprenant que la réponse ne serait pas simple. « Seigneur, pourquoi ces ressources ont-elles souvent apporté plus de conflits et de souffrances que de prospérité ? » demanda-t-il.

Des images de mines d'or et de diamants, de champs pétrolifères et de forêts luxuriantes défilèrent devant lui, accompagnées de scènes de conflits, d'exploitation et de pauvreté. « Les ressources naturelles, » expliqua Dieu, « sont souvent devenues une malédiction en raison de la mauvaise gestion, de la corruption, et de l'exploitation sans scrupules. Les richesses qui devraient bénéficier à tous ont souvent été accaparées par quelques-uns, laissant la majorité dans la pauvreté. »

Kofi pensait aux nombreuses histoires de dirigeants corrompus et de compagnies étrangères qui exploitaient les ressources sans souci pour les populations locales. « Comment pouvons-nous transformer cette malédiction en bénédiction ? » demanda-t-il, cherchant des solutions.

« La clé réside dans la gestion responsable et équitable des ressources, » répondit Dieu. « Cela nécessite des institutions solides et transparentes, des lois rigoureuses, et un engagement envers le développement durable. Il est crucial d'assurer que les bénéfices des ressources naturelles profitent à toute la communauté, et non à une élite restreinte. »

Des visions de gouvernements transparents, de communautés prospères et de projets de développement durable apparurent devant Kofi. « Quelles sont les étapes concrètes pour y parvenir, Seigneur ? » demanda-t-il.

« Premièrement, » dit Dieu, « il est essentiel de mettre en place des régulations strictes pour encadrer l'exploitation des ressources. Cela inclut la protection des droits des travailleurs, la préservation de l'environnement, et la garantie que les revenus générés sont investis dans des projets bénéfiques pour tous. »

Kofi imaginait des mines où les travailleurs étaient traités avec respect et des forêts protégées pour les générations futures. « Deuxièmement, » poursuivit Dieu, « il est vital de lutter contre la corruption. Les mécanismes de transparence et de responsabilité doivent être renforcés pour s'assurer que les revenus des ressources naturelles sont utilisés de manière juste et équitable. »

Des scènes de tribunaux justes, de leaders intègres et de citoyens engagés dans la lutte contre la corruption défilèrent devant Kofi. « Et troisièmement, » ajouta Dieu, « il est important de diversifier l'économie. Ne dépendez pas uniquement des ressources naturelles. Investissez dans d'autres secteurs comme l'agriculture, le tourisme, l'industrie manufacturière, et les technologies. Une économie diversifiée est plus résiliente et offre plus d'opportunités à long terme. »

Kofi voyait des fermes prospères, des usines modernes, et des jeunes entrepreneurs innovants. « Seigneur, » demanda-t-il enfin, « comment pouvons-nous encourager la participation des communautés locales dans la gestion des ressources ? »

« Impliquez les communautés locales dans la prise de décisions, » répondit Dieu. « Assurez-vous qu'elles bénéficient directement des projets de développement. Éduquez et formez les populations locales pour qu'elles puissent jouer un rôle actif dans la gestion des ressources. Lorsque les communautés sont impliquées et bénéficient des richesses naturelles, elles sont plus susceptibles de soutenir et de protéger ces ressources. »

Des images de villages prospères, de coopératives locales et de leaders communautaires engagés apparurent devant Kofi. Il savait que la voie vers la transformation des ressources naturelles en bénédiction nécessitait un effort collectif et une vision partagée.

« Seigneur, » dit-il avec gratitude, « merci pour ces conseils. Nous travaillerons ensemble pour gérer nos ressources de manière responsable et équitable, pour le bien de tous. »

La lumière divine se dissipa doucement, laissant Kofi seul sous l'arbre sacré. Mais il n'était plus le même. Il avait trouvé des réponses et une nouvelle détermination. Se levant, il regarda une dernière fois l'arbre avant de se diriger vers sa maison, prêt à inspirer ses compatriotes à travailler ensemble pour transformer leur continent.

Avec une nouvelle conviction, Kofi marcha à travers les champs verdoyants, le cœur plein d'espoir et de détermination. Il savait que l'avenir de l'Afrique était entre les mains de ceux qui croyaient en son potentiel et qui étaient prêts à travailler pour le réaliser. Ensemble, ils bâtiraient un avenir radieux et prospère pour les générations à venir, transformant les bénédictions de la terre en un héritage durable pour tous.

Chapitre 12

Éducation et Futur

Le soleil se levait doucement sur les plaines d'Afrique, baignant la terre d'une lumière dorée et chaleureuse. Kofi, assis sur une colline surplombant son village, contemplait l'horizon avec une question brûlante dans son cœur. Depuis son enfance, il avait vu tant de jeunes esprits prometteurs échouer à cause de l'éducation de mauvaise qualité. Pourquoi l'éducation en Afrique était-elle souvent si déficiente ? Quelle était la solution pour changer cela ?

Avec une détermination nouvelle, Kofi ferma les yeux et murmura : « Dieu, pourquoi l'éducation en Afrique est-elle souvent de mauvaise qualité?»

La lumière divine descendit, enveloppant Kofi dans une lueur apaisante. La voix de Dieu résonna, emplie de sagesse et de compassion.

« Mon enfant, » commença Dieu, « l'éducation est la clé du développement et de la transformation. Cependant, en Afrique, plusieurs défis rendent l'accès à une éducation de qualité difficile. »

Kofi écoutait attentivement, conscient de la complexité de la question. « Quels sont ces défis, Seigneur ? » demanda-t-il.

Des images d'écoles surpeuplées, de salles de classe délabrées et de manuels démodés apparurent devant lui. « Il y a plusieurs facteurs, » répondit Dieu. « Tout d'abord, le financement insuffisant. Beaucoup de pays africains manquent des ressources financières nécessaires pour investir dans des infrastructures éducatives adéquates et du matériel pédagogique de qualité. »

Kofi voyait des scènes de budgets limités, de gouvernements luttant pour équilibrer leurs priorités économiques. « Ensuite, il y a le manque de formation des enseignants, » poursuivit Dieu. « Les enseignants, souvent mal formés et sous-payés, ne disposent pas des compétences nécessaires pour offrir un enseignement de qualité. »

Des visions de classes avec des enseignants dépassés, essayant de faire de leur mieux avec les moyens du bord, défilèrent devant Kofi. « Mais il y a aussi des problèmes structurels, » ajouta Dieu. « Les curriculums scolaires sont souvent obsolètes et ne répondent pas aux besoins actuels du marché du travail. Les infrastructures, telles que les écoles et les équipements, sont souvent inadéquates. »

Kofi comprenait maintenant les multiples dimensions du problème. « Seigneur, » demanda-t-il, « comment pouvons-nous surmonter ces défis et améliorer la qualité de l'éducation en Afrique ? »

« Il existe plusieurs solutions, » répondit Dieu avec une voix emplie d'espoir. « Tout d'abord, il est crucial d'augmenter les investissements dans l'éducation. Les gouvernements doivent allouer une part significative de leur budget à l'éducation et chercher des partenariats avec des organisations internationales et le secteur privé pour financer les infrastructures et les matériels pédagogiques. »

Des images de nouvelles écoles, bien équipées et modernes, apparurent devant Kofi. « Deuxièmement, » poursuivit Dieu, « il est essentiel de former et de motiver les enseignants. Offrez-leur des programmes de formation continue, améliorez leurs conditions de travail et rémunérez-les de manière juste pour attirer et retenir des talents compétents. »

Kofi voyait des enseignants passionnés et bien formés, inspirant leurs élèves avec enthousiasme et compétence. « Troisièmement, » continua Dieu, « réformez les curriculums scolaires pour qu'ils soient pertinents et adaptés aux réalités actuelles. Intégrez des compétences pratiques, des technologies modernes et des matières innovantes qui préparent les jeunes au marché du travail et aux défis du 21e siècle. »

Des scènes de classes interactives, utilisant des technologies modernes et des méthodes d'enseignement innovantes, défilèrent devant Kofi. « Quatrièmement, » ajouta Dieu, « impliquez les communautés locales dans la gestion des écoles. Lorsque les parents et les communautés s'investissent dans l'éducation de leurs enfants, ils peuvent contribuer à l'amélioration des infrastructures et veiller à ce que les ressources soient utilisées efficacement. »

Kofi imaginait des parents et des leaders communautaires travaillant main dans la main avec les écoles pour créer un environnement propice à l'apprentissage. « Enfin, » conclut Dieu, « utilisez les technologies pour combler les lacunes éducatives. Les outils numériques et l'accès à Internet peuvent offrir des opportunités d'apprentissage à distance, des ressources éducatives en ligne, et des plateformes de formation pour les enseignants. »

Des visions d'élèves utilisant des tablettes et des ordinateurs pour accéder à des cours en ligne, et des enseignants participant à des webinaires de formation, apparurent devant Kofi. Il savait que l'avenir de l'éducation en Afrique reposait sur une approche holistique et innovante.

« Seigneur, » dit-il avec gratitude, « merci pour ces précieux conseils. Nous travaillerons ensemble pour transformer notre système éducatif et offrir un avenir meilleur à nos enfants. »

La lumière divine se dissipa doucement, laissant Kofi seul sur la colline. Mais il n'était plus le même. Il avait trouvé des réponses et une nouvelle détermination. Se levant, il regarda une dernière fois l'horizon avant de se diriger vers sa maison, prêt à inspirer ses compatriotes à travailler ensemble pour améliorer l'éducation en Afrique.

Avec une nouvelle conviction, Kofi marcha à travers les rues de son village, le cœur plein d'espoir et de détermination. Il savait que l'avenir de l'Afrique était entre les mains de ceux qui croyaient en son potentiel et qui étaient prêts à travailler pour le réaliser. Ensemble, ils bâtiraient un avenir radieux et prospère pour les générations à venir, en offrant à chaque enfant une éducation de qualité, clé de leur futur.

Chapitre 13

La Médecine Traditionnelle Africaine

Kofi se trouvait encore une fois enveloppé dans la brume dorée, sa curiosité insatiable le menant à explorer de nouveaux horizons de connaissance et de compréhension. Cette fois, ses pensées se tournaient vers un sujet profondément enraciné dans les cultures et les traditions africaines : la médecine traditionnelle.

Il savait que depuis des millénaires, les peuples africains avaient développé des remèdes naturels et des pratiques de guérison qui avaient aidé des générations à survivre et à prospérer. Cependant, il ne comprenait pas pourquoi cette riche tradition semblait être marginalisée dans le monde moderne, notamment par les institutions internationales comme l'Organisation mondiale de la santé (OMS).

Alors, Kofi leva les yeux vers la lumière divine et demanda : "Dieu, pourquoi la médecine traditionnelle africaine n'est-elle pas aussi reconnue et développée par l'OMS et d'autres institutions internationales ?"

La voix de Dieu résonna, douce et empreinte de sagesse : "Kofi, la médecine traditionnelle africaine est un trésor de connaissances, transmis de génération en génération. Elle est enracinée dans une compréhension holistique de la santé, intégrant le corps, l'esprit et l'esprit. Cependant, il existe plusieurs raisons pour lesquelles elle n'est pas pleinement reconnue au niveau international."

Kofi écoutait attentivement, absorbant chaque mot.

"Premièrement, la médecine moderne, basée sur des principes scientifiques rigoureux, est souvent sceptique face à des pratiques qui n'ont pas été soumises aux mêmes niveaux d'études cliniques et d'essais contrôlés. Cela ne signifie pas que la médecine traditionnelle est inefficace, mais plutôt que ses méthodes ne correspondent pas toujours aux standards occidentaux de preuve scientifique.

Deuxièmement, il y a un manque de documentation et de standardisation des pratiques de la médecine traditionnelle. Les remèdes sont souvent spécifiques à des régions ou à des tribus, et les connaissances sont transmises oralement. Cela rend difficile leur validation et leur intégration dans les systèmes de santé officiels.

Troisièmement, il existe des préjugés et des malentendus culturels. Les sociétés occidentales ont parfois tendance à voir les pratiques traditionnelles comme archaïques ou non civilisées, ignorant les richesses et l'efficacité potentielle de ces méthodes.

Enfin, les intérêts économiques jouent un rôle. L'industrie pharmaceutique moderne est une entreprise multibillionnaire, et il y a des enjeux financiers dans la promotion des médicaments synthétiques par rapport aux remèdes naturels."

Kofi sentit une pointe de frustration. "Mais Dieu, cela ne semble-t-il pas injuste ? Tant de vies pourraient être améliorées en intégrant ces pratiques dans les systèmes de santé modernes."

Dieu répondit avec un ton apaisant, "Kofi, il y a des signes de changement. De plus en plus de chercheurs reconnaissent la valeur des médecines traditionnelles et cherchent à les étudier de manière rigoureuse. Certains pays africains intègrent déjà des pratiques traditionnelles dans leurs systèmes de santé publique. L'OMS elle-même a initié des programmes pour encourager la recherche et l'intégration de la médecine traditionnelle dans les soins de santé primaires.

Le chemin est long, mais il y a un mouvement croissant vers la reconnaissance et l'intégration de ces pratiques. Il est essentiel que les praticiens traditionnels et les scientifiques modernes travaillent ensemble, en respectant et en apprenant les uns des autres."

Kofi acquiesça, comprenant l'ampleur du défi mais aussi les opportunités qui se présentaient. Il réalisa que pour faire avancer cette cause, il fallait non seulement des preuves scientifiques mais aussi un changement des mentalités et des politiques. Avec une foi renouvelée, il se promit de devenir un pont entre ces deux mondes, pour que la richesse des traditions africaines puisse bénéficier à l'humanité tout entière.

Chapitre 14

L'Afrique, Berceau de l'Humanité

Dans la lumière dorée qui entourait Kofi, une nouvelle question brûlait en lui, une question qui plongeait dans les racines profondes de l'histoire humaine et de son propre continent. Avec une curiosité intense et une soif de compréhension, il demanda à Dieu :

"Seigneur, l'Afrique est le berceau de l'humanité, le lieu où tout a commencé. Pourquoi alors ce continent, qui a vu naître les premières grandes civilisations comme l'empire mandingue, l'Éthiopie et l'Égypte antique, n'est-il pas aujourd'hui le plus développé ? Pourquoi y a-t-il moins de Noirs sur toute la terre alors que le premier homme serait africain ?"

La voix de Dieu résonna, douce et profonde, portant avec elle les échos de millénaires de sagesse et de connaissance. "Kofi, l'Afrique est en effet le berceau de l'humanité, un continent riche en histoire et en culture. Les grandes civilisations africaines, telles que celles que tu mentionnes, ont laissé des héritages durables et ont contribué de manière significative au progrès de l'humanité. Cependant, plusieurs facteurs ont influencé le cours de l'histoire et le développement du continent."

Kofi écoutait attentivement, chaque mot de Dieu illuminant des aspects cachés de l'histoire.

"Les civilisations africaines ont prospéré pendant des millénaires, mais elles ont également été confrontées à des défis majeurs. Les invasions, les guerres, et les rivalités internes ont affaibli de nombreux royaumes et empires. Puis vint la période de la traite transatlantique des esclaves, suivie de la colonisation, qui a bouleversé profondément les structures sociales, économiques et politiques de l'Afrique.

La colonisation a particulièrement laissé des cicatrices profondes, car elle a exploité les ressources du continent pour enrichir les puissances coloniales, souvent au détriment des populations locales. Les frontières artificielles tracées par les colonisateurs ont aussi semé la discorde entre différents groupes ethniques et cultures, provoquant des conflits qui perdurent encore aujourd'hui."

Dieu fit une pause, laissant ces vérités s'ancrer dans l'esprit de Kofi avant de continuer.

"Quant à la présence moindre de Noirs dans d'autres régions du monde, cela peut être attribué aux migrations humaines au cours des millénaires. Les premiers humains, qui étaient africains, ont migré vers différents continents et se sont adaptés à leurs nouveaux environnements, ce qui a conduit à une diversification des traits physiques et culturels. Les populations africaines sont restées principalement en Afrique, tandis que les autres groupes ont peuplé l'Europe, l'Asie et les Amériques.

Cependant, la diaspora africaine a également eu un impact significatif sur le monde. La traite des esclaves a forcé des millions d'Africains à migrer vers les Amériques et d'autres parties du globe, où leurs descendants continuent d'influencer et d'enrichir les cultures locales."

Kofi sentit une vague de compréhension et de tristesse à la fois. L'histoire de son continent était marquée par des épreuves et des résiliences extraordinaires.

"Dieu, est-il possible pour l'Afrique de retrouver sa grandeur passée et de devenir un leader mondial ?"

La voix divine répondit avec une force sereine. "Kofi, l'avenir de l'Afrique est plein de potentiel. Le continent est riche en ressources naturelles, en diversité culturelle et en capital humain. Pour réaliser ce potentiel, il est essentiel que les Africains s'unissent, résolvent les conflits internes, investissent dans l'éducation et l'innovation, et établissent des gouvernances transparentes et responsables.

La réconciliation avec le passé, la valorisation des traditions locales et l'ouverture aux innovations mondiales sont des clés essentielles. L'Afrique doit également forger des partenariats équitables avec d'autres nations, basés sur le respect mutuel et le bénéfice réciproque.

Souviens-toi, Kofi, que la grandeur de l'Afrique repose aussi dans sa résilience et sa capacité à surmonter les défis. Chaque génération a le pouvoir de façonner un avenir meilleur. Crois en la force et en la sagesse de ton peuple, et n'oublie jamais que les racines profondes de l'humanité résident ici, sur ce continent qui a tant donné au monde."

Kofi sentit une détermination renouvelée. Il savait que malgré les défis, l'Afrique possédait un potentiel immense et une histoire riche qui pouvaient inspirer un avenir radieux. Avec la guidance divine et l'engagement de son peuple, il croyait fermement que l'Afrique pourrait un jour reprendre sa place de leader sur la scène mondiale.

Chapitre 15

L'Avenir de l'Afrique

La brume dorée qui entourait Kofi semblait scintiller avec une intensité particulière ce jour-là. Ses pensées tournaient autour de l'avenir de son continent, de l'espoir et des promesses qu'il avait entendues à maintes reprises : "L'Afrique est le continent de l'avenir." Mais pourquoi cette affirmation revenait-elle si souvent ? Et qu'est-ce qui faisait croire aux gens que l'Afrique détenait un tel potentiel ?

Il leva les yeux vers la lumière divine et posa sa question, pleine d'espoir et de curiosité : "Dieu, pourquoi entendons-nous souvent dire que l'Afrique est le continent de l'avenir ? Qu'est-ce qui fait de notre continent une terre de promesses et d'opportunités ?"

La voix de Dieu résonna, remplie de chaleur et de sagesse. "Kofi, l'Afrique est souvent désignée comme le continent de l'avenir pour plusieurs raisons. Le potentiel de l'Afrique est immense, et beaucoup voient en elle une source de croissance et de développement pour les décennies à venir."

Kofi écoutait attentivement, chaque mot de Dieu illuminant les possibilités futures.

"Tout d'abord, l'Afrique est le continent le plus jeune du monde. Plus de la moitié de sa population a moins de 25 ans. Cette jeunesse représente une force incroyable, une génération pleine de dynamisme, de créativité et de désir de changement. Avec une éducation adéquate et des opportunités économiques, cette jeune population peut devenir un moteur puissant de croissance et d'innovation.

Deuxièmement, l'Afrique est riche en ressources naturelles. Des vastes gisements minéraux aux terres arables en passant par les ressources énergétiques, le continent possède une richesse matérielle qui, si elle est gérée de manière durable et équitable, peut soutenir un développement économique significatif.

Troisièmement, les progrès technologiques offrent des opportunités uniques. Les innovations dans les télécommunications, les fintech, et les technologies vertes permettent à l'Afrique de surmonter certains des obstacles traditionnels au développement. L'adoption rapide de la technologie mobile, par exemple, a permis à de nombreuses régions de faire un bond en avant en termes de connectivité et d'accès aux services financiers.

Quatrièmement, il y a une prise de conscience croissante et un changement dans les relations internationales. De plus en plus de pays reconnaissent l'importance de partenariats équitables avec les nations africaines. Les investissements étrangers, s'ils sont bien gérés, peuvent stimuler la croissance économique et créer des emplois."

Kofi sentit une vague d'optimisme grandir en lui, mais il avait encore des doutes. "Mais Dieu, l'Afrique a aussi de nombreux défis. Comment pouvons-nous surmonter les obstacles tels que la corruption, les conflits, et les inégalités ?"

Dieu répondit avec une sérénité apaisante. "Kofi, chaque défi est une opportunité déguisée. La lutte contre la corruption exige une gouvernance transparente et responsable, ainsi qu'une société civile forte et active. Les conflits peuvent être résolus par le dialogue, la réconciliation et la justice. Les inégalités peuvent être réduites par des politiques inclusives, un accès équitable à l'éducation et aux services de santé, et le soutien aux petites et moyennes entreprises.

Il est essentiel que les Africains croient en leur propre potentiel et travaillent ensemble pour construire un avenir meilleur. La diaspora africaine peut également jouer un rôle crucial en apportant des compétences, des investissements et des perspectives nouvelles. En unissant leurs forces, les Africains peuvent transformer les défis en tremplins vers le progrès."

Kofi sentit une détermination renouvelée. Il savait que l'avenir de l'Afrique reposait entre les mains de ses habitants, et que chaque petit effort contribuait à bâtir un continent plus fort et plus prospère. Avec la guidance divine et un engagement collectif, il croyait fermement que l'Afrique pourrait réaliser son potentiel et devenir véritablement le continent de l'avenir.

"Dieu, merci pour cette clarté. Je crois en l'avenir de mon continent et je m'engage à faire ma part pour contribuer à son développement."

Dieu sourit, et la brume dorée sembla briller encore plus intensément. "Va de l'avant, Kofi, avec foi et détermination. L'avenir de l'Afrique est lumineux, et chaque action positive compte. Rappelle-toi que tu fais partie d'une grande histoire, et que ton rôle est essentiel dans la construction de ce futur prometteur."

Chapitre 16

Le Panafricanisme, Rêve ou Réalité ?

Kofi, en quête de réponses sur la voie à suivre pour l'Afrique, s'interrogeait sur une doctrine qui revenait souvent dans les discussions politiques et culturelles : le panafricanisme. Il savait que cette idéologie portait de grands espoirs pour le continent, mais il se demandait aussi pourquoi ses promoteurs finissaient souvent mal ou dans l'anonymat, et pourquoi cette doctrine semblait susciter tant de peur chez les occidentaux.

Avec ces questions brûlant dans son esprit, il se tourna vers la lumière divine et demanda : "Dieu, qu'est-ce que le panafricanisme ? Est-ce une simple distraction ou une doctrine capable de développer l'Afrique ? Pourquoi tous ses grands promoteurs finissent-ils mal ou dans l'anonymat ? Pourquoi fait-elle peur aux occidentaux ? Et enfin, à quand les États-Unis d'Afrique ?"

La voix de Dieu résonna avec une sagesse ancienne, prête à éclaircir les mystères entourant le panafricanisme. "Kofi, le panafricanisme est bien plus qu'une simple doctrine. C'est une idéologie et un mouvement qui vise à unir les peuples africains et les descendants de la diaspora africaine autour d'une identité commune, pour défendre leurs intérêts collectifs et promouvoir la solidarité et l'émancipation."

Dieu poursuivit, illuminant chaque aspect de cette idéologie complexe. "Le panafricanisme trouve ses racines dans la lutte contre la colonisation et l'oppression raciale. Ses promoteurs ont cherché à unir les Africains, au-delà des frontières et des divisions ethniques, pour créer un front commun contre les injustices et œuvrer pour le développement et la prospérité du continent. Cette doctrine porte en elle un potentiel immense pour transformer l'Afrique, en renforçant la coopération économique, politique et culturelle entre les nations africaines."

Kofi écoutait attentivement, ressentant la profondeur de ces paroles. Cependant, il restait des questions sans réponse. "Pourquoi alors, Dieu, tant de leaders panafricanistes finissent-ils mal ou dans l'anonymat ? Pourquoi cette doctrine fait-elle peur aux occidentaux ?"

Dieu répondit avec une compassion palpable. "Kofi, les leaders panafricanistes ont souvent été perçus comme une menace par les pouvoirs en place, tant à l'intérieur qu'à l'extérieur de l'Afrique. Leurs idées de solidarité et de libération mettaient en danger les intérêts de ceux qui bénéficiaient de l'exploitation et de la division du continent. Beaucoup de ces leaders ont été persécutés, renversés ou réduits au silence par des forces hostiles à leur vision. Cependant, leurs idéaux continuent de vivre et d'inspirer de nouvelles générations."

Quant à la peur des occidentaux, Dieu expliqua : "Le panafricanisme représente une force potentielle capable de remettre en question les structures de pouvoir et les relations économiques qui ont historiquement désavantagé l'Afrique. Une Afrique unie et solidaire pourrait négocier en position de force sur la scène internationale, ce qui effraie ceux qui ont longtemps bénéficié de la division et de la faiblesse du continent."

Kofi sentit une lueur d'espoir et une détermination croître en lui. "Dieu, alors, est-il possible de voir un jour les États-Unis d'Afrique ?"

La réponse divine vint avec une vision inspirante. "Kofi, la création des États-Unis d'Afrique est un rêve noble et réalisable, mais cela nécessitera du temps, des efforts soutenus et une volonté collective inébranlable. L'intégration africaine progresse lentement, avec des initiatives comme l'Union africaine et la Zone de libre-échange continentale africaine (ZLECA). Ces structures posent les fondations pour une coopération accrue et une intégration plus profonde.

Cependant, pour que ce rêve devienne réalité, il est essentiel que les Africains surmontent les divisions internes, promeuvent des gouvernances transparentes et responsables, et s'engagent à bâtir une union basée sur le respect mutuel et la justice. La route sera longue et parsemée d'embûches, mais avec foi, détermination et solidarité, les États-Unis d'Afrique peuvent devenir une réalité."

Kofi ressentit une grande inspiration et une profonde responsabilité. Il comprenait maintenant que le panafricanisme n'était pas une simple distraction, mais une vision puissante et nécessaire pour l'avenir de l'Afrique. Avec les enseignements divins en tête, il s'engagea à œuvrer pour cette noble cause, croyant fermement que, malgré les défis, une Afrique unie et prospère était à portée de main.

"Merci, Dieu, pour cette clarté et cette inspiration. Je continuerai à croire et à travailler pour un avenir où l'Afrique sera forte et unie."

Dieu sourit, et la lumière divine brilla plus intensément, infusant Kofi de courage et de conviction. "Va de l'avant, Kofi, avec espoir et détermination. L'avenir de l'Afrique est prometteur, et chaque pas que tu fais vers l'unité et la solidarité rapproche le continent de son destin glorieux."

Chapitre 17

Les Différences Raciales et L'Héritage de l'Égypte Ancienne

Kofi, en quête de vérité, se penchait sur une autre facette de l'histoire africaine : les différences raciales au sein du continent et l'héritage des anciennes civilisations, notamment l'Égypte. Il se demandait souvent pourquoi ces différences existaient et comment un continent ayant abrité de grandes civilisations pouvait aujourd'hui être perçu comme en régression.

Les questions se bousculaient dans son esprit. "Dieu, on dit souvent que les premiers Égyptiens et les différents pharaons étaient noirs. Est-ce vrai ? Et est-il vrai que Pythagore serait venu en Égypte pour étudier les mathématiques et aurait été initié au culte égyptien ? Si c'est le cas, l'Afrique aurait-elle régressé depuis cette époque ? Qui est le coupable de cette régression, si elle a eu lieu ?"

Dieu répondit avec une voix empreinte de sagesse ancestrale. "Kofi, l'histoire de l'Égypte ancienne est complexe et fascinante. Les premiers Égyptiens et les pharaons étaient en effet des Africains noirs, et l'Égypte ancienne était une civilisation florissante qui a contribué de manière significative à la science, à la culture et à la religion. Les Égyptiens ont développé des connaissances avancées en mathématiques, en astronomie et en médecine, et leurs réalisations architecturales, comme les pyramides, témoignent de leur génie."

Dieu continua, illuminant l'héritage de cette grande civilisation. "Pythagore, le célèbre mathématicien grec, est en effet venu en Égypte pour étudier. Il a été initié aux connaissances ésotériques et aux pratiques religieuses égyptiennes. Les anciens Égyptiens ont influencé de nombreuses civilisations, y compris les Grecs, qui ont ensuite transmis ces connaissances au monde occidental."

Kofi ressentait un mélange de fierté et de tristesse. "Mais alors, Dieu, si l'Afrique était jadis si avancée, a-t-elle régressé depuis cette époque ? Et si oui, qui est responsable de cette régression ?"

Dieu répondit avec une compréhension profonde des cycles historiques. "Kofi, l'histoire des civilisations est marquée par des périodes de montée et de déclin. L'Afrique a connu des âges d'or avec des civilisations prospères comme l'Égypte, le royaume de Koush, l'empire du Mali, et bien d'autres. Cependant, plusieurs facteurs ont contribué à des périodes de déclin.

Les invasions étrangères, la traite des esclaves, la colonisation et l'exploitation des ressources par des puissances extérieures ont profondément affecté le continent. Ces événements ont non seulement dévasté les populations locales mais ont aussi perturbé les structures sociales et économiques établies. La colonisation, en particulier, a imposé des frontières artificielles, créé des divisions ethniques et exploité les ressources africaines pour le bénéfice des puissances coloniales, laissant derrière elle des structures fragiles et des économies dépendantes."

Kofi ressentait le poids de ces vérités historiques, mais il voulait comprendre comment l'Afrique pouvait surmonter ces défis. "Dieu, alors que devons-nous faire pour que l'Afrique retrouve son éclat d'antan et progresse à nouveau ?"

Dieu répondit avec une voix remplie d'espoir et de guidance. "Kofi, le chemin vers la renaissance de l'Afrique repose sur plusieurs piliers essentiels. Tout d'abord, il est crucial que les Africains se réapproprient leur histoire et leur identité culturelle. Connaître et célébrer les contributions des anciennes civilisations africaines peut inspirer un sentiment de fierté et d'unité.

Deuxièmement, l'éducation joue un rôle fondamental. En investissant dans une éducation de qualité qui met l'accent sur les sciences, la technologie, l'ingénierie et les mathématiques (STEM), ainsi que sur les arts et les humanités, l'Afrique peut former une génération de leaders et d'innovateurs capables de relever les défis contemporains.

Troisièmement, une gouvernance transparente et responsable est essentielle. La lutte contre la corruption, la promotion de la justice sociale et l'établissement de systèmes politiques inclusifs peuvent créer un environnement où tous les citoyens ont l'opportunité de contribuer au développement de leur pays.

Enfin, la coopération et l'intégration régionales peuvent renforcer les économies africaines et augmenter leur influence sur la scène mondiale. En travaillant ensemble, les nations africaines peuvent surmonter les obstacles économiques et politiques qui les divisent et créer un avenir de prospérité partagée."

Kofi sentait une nouvelle vague de détermination en lui. Il comprenait maintenant que, bien que l'Afrique ait été confrontée à de nombreux défis historiques, elle possédait en elle la force et la résilience nécessaires pour se reconstruire et prospérer. Avec l'inspiration des grandes civilisations du passé et une vision claire pour l'avenir, il croyait fermement que l'Afrique pouvait surmonter les difficultés et renouer avec son héritage de grandeur.

"Merci, Dieu, pour cette sagesse et cette vision. Je suis déterminé à contribuer à la renaissance de mon continent et à honorer l'héritage de nos ancêtres."

Dieu sourit, et la lumière divine éclata en un rayonnement de pure inspiration. "Va de l'avant, Kofi, avec courage et détermination. L'avenir de l'Afrique est entre vos mains, et chaque action positive rapproche le continent de son destin glorieux."

<h2 style="text-align:center">Chapitre 18</h2>

<h3 style="text-align:center">La Traite Négrière et Ses Mystères</h3>

Kofi, profondément troublé par l'un des chapitres les plus sombres de l'histoire africaine, se tourna vers Dieu pour chercher des réponses sur la traite négrière. Il se demandait comment une telle horreur avait pu perdurer pendant plus de trois siècles, et pourquoi il avait fallu que certains occidentaux luttent pour mettre fin à ce commerce inhumain.

"Dieu, comment as-tu pu laisser faire la traite négrière pendant plus de trois siècles ? Il a fallu que d'autres occidentaux luttent pour arrêter ce commerce de la honte. Est-il vrai que les occidentaux n'allaient pas eux-mêmes traquer les Africains dans leurs domiciles ? Et pourquoi les chefs africains de cette tragique époque et leurs sujets ne se sont-ils pas levés comme un seul homme pour combattre l'esclavage ?"

La voix de Dieu, empreinte de tristesse et de compassion, répondit aux interrogations de Kofi. "Kofi, la traite négrière est une des périodes les plus douloureuses et honteuses de l'histoire humaine. Ce commerce ignoble a causé d'innombrables souffrances et a déchiré le tissu social de nombreuses sociétés africaines. La question de pourquoi cela a été permis est complexe et touche aux profondeurs du libre arbitre et des choix humains."

Dieu continua, éclairant les sombres nuances de cette époque. "Les occidentaux, en quête de main-d'œuvre pour leurs plantations et industries, ont vu dans la traite des esclaves une opportunité de profit immense. Bien que certains occidentaux aient joué un rôle crucial dans l'abolition de l'esclavage, beaucoup d'autres en ont tiré profit pendant des siècles."

"Il est vrai que les occidentaux n'allaient pas eux-mêmes traquer les Africains dans leurs domiciles. Ils s'appuyaient souvent sur des chefs locaux, des marchands et des guerriers africains pour capturer et vendre leurs frères et sœurs. Ces alliances et complicités ont été alimentées par des promesses de richesse, d'armes et d'autres biens. Les chefs africains de cette époque se trouvaient souvent face à des choix difficiles : résister et risquer la destruction de leur peuple, ou collaborer pour assurer leur propre survie et celle de leur communauté, du moins à court terme."

Kofi, horrifié par ces révélations, demanda avec une voix tremblante, "Mais pourquoi, Dieu, les chefs africains et leurs sujets ne se sont-ils pas unis pour combattre l'esclavage ?"

Dieu répondit avec une profonde sagesse. "Kofi, les sociétés africaines de cette époque étaient variées et souvent divisées. Les chefs et leurs peuples étaient confrontés à de nombreuses pressions externes et internes. La division ethnique, les rivalités tribales, et les luttes de pouvoir internes ont rendu difficile une résistance unie. De plus, la brutalité des trafiquants et les tactiques de terreur utilisées ont semé la peur et la désunion parmi les peuples."

"Certains ont tenté de résister, mais les armes et les technologies avancées des européens, ainsi que les alliances locales formées par les trafiquants, ont souvent rendu ces efforts vains. Il est important de reconnaître que malgré tout, il y a eu des héros africains qui se sont battus contre ce commerce ignoble, mais leurs efforts ont souvent été écrasés par les forces supérieures des trafiquants et des empires coloniaux."

Kofi sentit un mélange de tristesse et de respect pour ceux qui avaient essayé de résister. "Dieu, est-il possible de réparer les dommages causés par cette période ? Comment l'Afrique peut-elle se réconcilier avec ce passé et avancer vers un avenir meilleur ?"

Dieu répondit avec une voix emplie d'espoir et de compassion. "Kofi, bien que les cicatrices de la traite négrière soient profondes, il est possible de guérir et de reconstruire. La réconciliation commence par l'éducation et la reconnaissance de cette histoire. Il est crucial que les générations actuelles et futures connaissent les vérités de cette période, pour honorer la mémoire de ceux qui ont souffert et pour éviter que de telles atrocités ne se reproduisent."

"Le renforcement de l'unité et de la solidarité entre les peuples africains est également essentiel. En travaillant ensemble pour surmonter les divisions et les rivalités héritées de cette époque, les Africains peuvent bâtir un avenir de paix et de prospérité. Enfin, la promotion de la justice sociale, des droits de l'homme, et de la gouvernance transparente peut aider à créer des sociétés plus résilientes et justes."

Kofi, inspiré par ces paroles, sentit un nouvel élan de détermination. Il savait que l'avenir de l'Afrique reposait sur la capacité de ses peuples à surmonter les traumatismes du passé et à bâtir ensemble un avenir meilleur. "Merci, Dieu, pour cette sagesse et cette guidance. Je suis déterminé à œuvrer pour la réconciliation et le développement de notre continent."

Dieu sourit, et la lumière divine brilla avec une intensité renouvelée. "Va de l'avant, Kofi, avec courage et compassion. L'avenir de l'Afrique est prometteur, et chaque pas vers la justice et l'unité rapproche le continent de son destin glorieux."

Chapitre 19

Vie en Afrique Avant l'Arrivée des Occidentaux

La lune éclairait doucement la vaste savane africaine, créant une atmosphère presque mystique. Kofi, assis près du feu de camp, écoutait les anciens raconter des histoires de l'époque avant l'arrivée des Européens. Ces récits le plongeaient dans une époque où les peuples africains vivaient en harmonie avec la nature et leurs traditions.

Les flammes dansaient devant lui, projetant des ombres vacillantes sur les visages des conteurs. La curiosité le dévorait de l'intérieur, et il leva les yeux vers le ciel étoilé, cherchant des réponses dans les constellations. « Dieu, » murmura-t-il, « quelle était la vie en Afrique avant l'arrivée des Occidentaux ? »

La lumière divine descendit une nouvelle fois, enveloppant Kofi dans une douce clarté. La voix céleste de Dieu résonna avec une sagesse infinie.

« Mon enfant, » commença Dieu, « l'Afrique, avant l'arrivée des Occidentaux, était un continent riche en cultures diversifiées, en royaumes puissants et en savoirs anciens. Les peuples vivaient selon des systèmes de gouvernance bien établis, et les traditions orales transmettaient la sagesse de génération en génération. »

Kofi sentit une fierté monter en lui. « J'ai l'impression que les Occidentaux nous ont tout appris. Devons-nous leur rendre hommage pour cela ? »

« Les Occidentaux ont apporté certaines innovations et savoirs, » répondit Dieu, « mais il est important de reconnaître que les Africains possédaient déjà une vaste connaissance. Les échanges avec d'autres cultures ont enrichi l'Afrique, mais n'ont pas remplacé les savoirs ancestraux. Rendre hommage est une reconnaissance des contributions, mais cela ne doit pas effacer les réalisations et la sagesse indigènes. »

Les mots de Dieu résonnaient en Kofi, l'invitant à une réflexion plus profonde. « Y avait-il des écoles avant l'arrivée des Européens ? » demanda-t-il.

« Oui, » répondit Dieu. « Les formes d'éducation en Afrique étaient variées et adaptées aux besoins des sociétés. Les apprentissages se faisaient souvent par le biais de l'initiation, des conseils des anciens et de l'expérience pratique. Les écoles formelles, telles que connues aujourd'hui, étaient rares, mais l'éducation informelle était riche et profonde. »

Kofi pensa aux critiques des anciens sur l'école occidentale. « Aujourd'hui, les anciens se plaignent et disent que l'école du blanc a détruit les mœurs en Afrique. Qu'en penses-tu, Dieu ? »

Une brise légère souffla à travers la savane, et Dieu répondit avec une voix empreinte de compassion. « L'introduction de l'école occidentale a apporté des connaissances nouvelles, mais elle a aussi, dans certains cas, dévalorisé les traditions locales et les savoirs ancestraux. Il est crucial de trouver un équilibre, où l'éducation moderne coexiste avec le respect et la préservation des cultures et des valeurs africaines. »

Kofi sentit un dilemme intérieur. « Avec la médecine traditionnelle, les gens vivaient plus longtemps en Afrique. Que penses-tu de tout cela, Dieu?»

« La médecine traditionnelle repose sur des siècles de connaissance des plantes et des pratiques de guérison, » répondit Dieu. « Elle a soigné et protégé de nombreuses vies. Cependant, la médecine moderne a aussi apporté des avancées cruciales. L'idéal est une intégration harmonieuse des deux systèmes, où les forces de chacun sont utilisées pour le bien-être de tous. »

Kofi sentait une compréhension plus profonde de son héritage et des défis de l'époque actuelle. « Donc, nous devons honorer notre passé tout en embrassant l'avenir ? »

« Exactement, » répondit Dieu avec une tendresse infinie. « Honorez les savoirs ancestraux et intégrez les nouvelles connaissances de manière à enrichir votre société. La véritable sagesse réside dans l'union harmonieuse du passé et du présent pour construire un avenir prospère et équilibré. »

La lumière divine se dissipa lentement, laissant Kofi avec une clarté nouvelle. Il comprenait désormais que l'Afrique possédait un riche patrimoine qui ne devait pas être éclipsé par les influences extérieures. Avec cette nouvelle vision, il se leva du feu de camp, déterminé à valoriser les traditions de ses ancêtres tout en embrassant les progrès nécessaires pour un avenir radieux.

Sous le ciel étoilé, Kofi marchait avec une détermination renouvelée. Il savait que l'équilibre entre les savoirs anciens et les innovations modernes était la clé pour libérer le potentiel de l'Afrique. Avec cette conviction, il se dirigea vers sa communauté, prêt à partager cette sagesse et à inspirer un changement positif, respectueux de l'héritage et tourné vers l'avenir.

Chapitre 20

Écologie et Développement Durable

La nuit était claire, et la lune se reflétait sur la rivière qui serpentait à travers la forêt luxuriante. Kofi marchait silencieusement, perdu dans ses pensées sur les enjeux écologiques de son continent. L'air était frais, mais une lourde question pesait sur son cœur. Il s'assit sur un tronc d'arbre tombé, entouré par les bruits apaisants de la nature. Levant les yeux vers le ciel étoilé, il demanda : « Dieu, pourquoi les Occidentaux, avec la complicité de nos dirigeants corrompus, nous empêchent-ils de jouir de nos ressources naturelles comme nous le voudrions ? »

La lumière divine apparut à nouveau, illuminant la forêt d'une clarté douce et apaisante. La voix de Dieu résonna avec une sagesse infinie.

« Mon enfant, » commença Dieu, « les ressources naturelles de l'Afrique sont vastes et précieuses, mais leur exploitation a souvent été marquée par des intérêts conflictuels et des jeux de pouvoir. Les dirigeants corrompus, en quête de gains personnels, ont parfois facilité l'exploitation par des puissances étrangères, au détriment de leur propre peuple. »

Kofi sentit une profonde tristesse en pensant à la richesse de son continent, souvent gaspillée ou détournée. « Est-ce un autre complot des Occidentaux pour maintenir l'Afrique dans la misère et la pauvreté ? »

« Les motivations des puissances étrangères sont complexes et ne se réduisent pas toujours à un simple complot, » répondit Dieu. « Cependant, il est indéniable que des dynamiques de pouvoir ont souvent favorisé les intérêts étrangers aux dépens du développement local. L'exploitation inéquitable des ressources a contribué à perpétuer les inégalités et les dépendances. »

Les pensées de Kofi se tournèrent vers les prévisions sombres sur le changement climatique. « Pourquoi c'est l'Afrique qui doit toujours payer le prix fort, selon les prévisions des différentes organisations mondiales sur le changement climatique ? L'Afrique est-elle vraiment maudite ? »

Un souffle de vent traversa les arbres, portant avec lui la sagesse divine. « L'Afrique n'est pas maudite, » dit Dieu avec une douceur rassurante. « Elle est riche en ressources et en diversité. Cependant, les effets du changement climatique sont exacerbés par la vulnérabilité de ses écosystèmes et par des infrastructures souvent insuffisantes pour faire face aux catastrophes naturelles. »

Kofi ressentit une pointe de frustration. « Après tout, ce sont les Occidentaux qui ont créé toutes sortes d'industries responsables de la pollution galopante et du réchauffement climatique actuel. Pourquoi devons-nous en subir les conséquences ? »

« Il est vrai que les pays industrialisés ont contribué de manière significative aux émissions de gaz à effet de serre, » répondit Dieu. « Cependant, la lutte contre le changement climatique nécessite une responsabilité partagée. Les pays qui ont historiquement pollué doivent aider ceux qui sont les plus touchés à s'adapter et à se développer de manière durable. »

Kofi réfléchit à l'idée de développement durable. « Alors, que pouvons-nous faire pour protéger nos ressources naturelles tout en assurant notre développement ? »

« L'avenir de l'Afrique repose sur un équilibre entre l'exploitation responsable des ressources et la protection de l'environnement, » dit Dieu avec fermeté. « Investir dans les énergies renouvelables, promouvoir l'agriculture durable et renforcer les politiques de conservation peuvent aider à préserver la richesse naturelle de l'Afrique. De plus, l'éducation et la sensibilisation sont essentielles pour encourager les pratiques respectueuses de l'environnement. »

Kofi se leva, empli d'une nouvelle détermination. « Donc, nous devons prendre en main notre destin écologique et refuser les compromis destructeurs, même si cela signifie défier les puissances étrangères et nos propres dirigeants corrompus ? »

« Oui, » répondit Dieu avec une conviction palpable. « L'Afrique possède la force et la résilience nécessaires pour surmonter ces défis. En unissant vos voix et vos actions pour un avenir durable, vous pouvez transformer la richesse naturelle de votre continent en une source de prospérité partagée, tout en protégeant la planète pour les générations futures. »

La lumière divine s'estompa lentement, laissant Kofi avec une clarté nouvelle. Il comprenait maintenant que le destin écologique de l'Afrique reposait entre les mains de ses propres enfants. Avec une détermination renouvelée, il se dirigea vers son village, prêt à inspirer et à mobiliser ses compatriotes pour un avenir où l'harmonie avec la nature et le développement durable seraient les piliers de leur prospérité.

Sous le ciel étoilé, Kofi marcha avec confiance. Il savait que le chemin serait difficile, mais il était convaincu que l'Afrique pouvait se lever et briller en trouvant l'équilibre entre tradition et innovation, exploitation et conservation. Avec cette conviction, il se prépara à mener son peuple vers un avenir écologique et durable, digne de la grandeur de leur héritage.

Chapitre 21

Talents et Compétences des Africains

Sous le ciel étoilé de la savane africaine, Kofi marchait lentement, perdu dans ses pensées. Il venait de passer une soirée avec ses amis, discutant de leurs rêves et ambitions. Beaucoup pensaient que pour réussir dans ce monde, il fallait exceller dans le sport, la musique ou la comédie. Les exemples de Michael Jackson, Samuel Eto'o, Francis Ngannou, Michael Jordan, le Roi Pelé, Muhammad Ali, Beyoncé, Eddie Murphy, les sœurs Williams ou Tiger Woods étaient souvent cités comme preuves éclatantes. Mais Kofi se demandait si cela suffisait. Il leva les yeux vers les étoiles et demanda : « Dieu, est-il vrai que pour réussir, la jeunesse africaine doit se spécialiser dans le sport, la musique ou la comédie ? »

La lumière divine se manifesta une fois de plus, enveloppant Kofi dans une aura rassurante. La voix de Dieu résonna, remplie de sagesse et de compréhension.

« Mon enfant, » commença Dieu, « le sport, la musique et la comédie sont des domaines où de nombreux Africains ont brillé et continuent de briller. Ces talents sont des dons précieux, et il est légitime d'en être fier. Cependant, il est important de comprendre que le potentiel de la jeunesse africaine ne se limite pas à ces domaines. »

Kofi écoutait attentivement, son esprit avide de réponses. « Que faut-il faire pour changer la donne et devenir également meilleurs que les autres dans les STEM (Science, Technology, Engineering, and Mathematics) et le monde des affaires ? »

Dieu répondit avec une voix empreinte de conviction. « Pour exceller dans les STEM et les affaires, il est crucial de cultiver une culture de l'éducation et de l'innovation. Voici quelques étapes essentielles pour y parvenir : »

1. **Investir dans l'Éducation de Qualité :**
« Les gouvernements et les communautés doivent investir dans des systèmes éducatifs de qualité qui encouragent la pensée critique, la créativité et l'innovation. Il est essentiel de fournir des ressources adéquates et de former des enseignants compétents. »

2. **Promouvoir les Modèles de Réussite :**
« Il est important de mettre en avant les Africains qui ont réussi dans les STEM et les affaires. Des figures inspirantes comme Elon Musk, originaire d'Afrique du Sud, peuvent servir de modèles et montrer que le succès est possible dans ces domaines. »

3. **Encourager l'Entrepreneuriat :**
« L'entrepreneuriat doit être encouragé dès le plus jeune âge. Les jeunes Africains doivent être formés à identifier les opportunités, à développer des compétences en gestion et à innover pour résoudre les problèmes locaux. »

4. **Accès aux Technologies et aux Ressources :**
« Faciliter l'accès aux technologies modernes et aux ressources nécessaires pour l'apprentissage et l'innovation est crucial. Les

laboratoires, les centres de recherche et les espaces de travail collaboratif peuvent jouer un rôle clé. »

5. **Soutenir les Initiatives Locales :**
« Les gouvernements, les ONG et les entreprises doivent soutenir les initiatives locales qui visent à promouvoir les STEM et l'entrepreneuriat. Les programmes de mentorat, les compétitions de science et de technologie, et les incubateurs d'entreprises peuvent aider à faire émerger des talents. »

Kofi sentit un nouvel espoir s'éveiller en lui. « Donc, nous avons le potentiel de réussir dans tous les domaines, pas seulement dans le sport, la musique ou la comédie ? »

« Absolument, » répondit Dieu avec une douceur infinie. « Le potentiel de la jeunesse africaine est immense et ne se limite pas à quelques domaines. En investissant dans l'éducation, l'innovation et l'entrepreneuriat, l'Afrique peut produire des leaders mondiaux dans les STEM, les affaires et bien d'autres secteurs. »

Kofi se leva, empli d'une nouvelle détermination. Il comprenait désormais que la clé du succès résidait dans l'éducation, l'innovation et le soutien communautaire. Avec cette conviction, il retourna vers son village, prêt à partager cette vision et à inspirer ses amis à croire en leurs capacités, quelles que soient les voies qu'ils choisissent.

Sous le ciel étoilé, Kofi marchait avec confiance. Il savait que l'avenir de l'Afrique dépendait de la diversité de ses talents et de la volonté de ses jeunes de saisir les opportunités qui se présentaient à eux. Avec cette conviction, il se prépara à mener son peuple vers un avenir où l'éducation et l'innovation seraient les piliers de leur prospérité.

Conclusion

Le soleil se couchait sur les vastes plaines africaines, teignant le ciel de nuances de rouge, d'or et de pourpre. Kofi, debout sur la colline sacrée où tant de questions avaient trouvé réponse, contemplait l'horizon avec un sentiment de profonde sérénité et d'espoir renouvelé. Le voyage qu'il avait entrepris, rempli de doutes, de questionnements et de révélations, avait transformé sa vision du monde et de son propre rôle dans l'avenir de l'Afrique.

Les réponses de Dieu avaient éclairé non seulement les mystères de son existence, mais aussi les défis et les opportunités de son continent. À travers les conversations divines, Kofi avait découvert que le potentiel de l'Afrique était immense, mais nécessitait une gestion sage et des efforts concertés pour se réaliser pleinement.

Les ressources naturelles, autrefois perçues comme une malédiction, pouvaient devenir une bénédiction par une gestion responsable et équitable. Les conflits et les guerres, bien que profondément enracinés dans l'histoire et les structures sociales, pouvaient être surmontés par la justice, le dialogue et la coopération. L'éducation, pilier du développement, demandait des investissements, des réformes et une implication communautaire pour offrir à chaque enfant la chance de rêver et de réussir.

Kofi se souvenait des conseils divins avec une clarté limpide : la paix commence par la justice, la prospérité par l'unité, et le progrès par l'éducation. Les jeunes africains, riches de leur diversité et de leur résilience, étaient les architectes de cet avenir prometteur. Leur quête de réussite, qu'elle soit locale ou internationale, contribuait à façonner une Afrique plus forte et plus unie.

Avec une détermination renouvelée, Kofi descendit de la colline, le cœur plein de gratitude et d'espoir. Il savait que les réponses de Dieu n'étaient pas des solutions magiques, mais des guides pour une action collective et un engagement personnel. Chacun avait un rôle à jouer, du leader politique à l'enseignant, de l'agriculteur à l'entrepreneur, de l'ancien sage au jeune rêveur.

Alors qu'il marchait à travers les rues de son village, il voyait des visages familiers, des enfants jouant, des parents discutant, des enseignants partageant leur savoir. Il voyait la promesse d'un avenir où chaque individu, riche de son potentiel et de ses talents, contribuait à la grandeur de l'Afrique. Un avenir où les frontières de la peur et de la division cédaient la place à celles de la coopération et de l'harmonie.

La nuit enveloppa peu à peu le village, mais Kofi savait que l'aube d'un nouveau jour se profilait à l'horizon. Un jour où les rêves des jeunes africains, nourris par les valeurs de justice, de paix et d'innovation, prendraient leur envol. Un jour où l'Afrique, forte de son passé et riche de son avenir, s'épanouirait comme une force mondiale de prospérité et de créativité.

Kofi leva les yeux vers les étoiles, ces témoins silencieux des espoirs et des aspirations de l'humanité. « Merci, Dieu, » murmura-t-il, « pour ces réponses et pour cette vision d'avenir. Nous travaillerons ensemble, guidés par ta sagesse, pour réaliser cette promesse de grandeur. »

Et ainsi, avec l'écho des réponses divines résonnant dans son cœur, Kofi s'engagea avec ses compatriotes dans une quête noble et collective. Une quête pour transformer l'Afrique, pour révéler son potentiel, et pour bâtir un monde où chaque rêve trouve sa place, chaque espoir son chemin, et chaque âme son destin.

L'aube d'un nouveau jour se levait sur l'Afrique. Une aube de renaissance, de prospérité et de paix, illuminée par les rêves des jeunes et les sages conseils de Dieu.

Annexes

1. Chronologie Historique de l'Afrique

Antiquité et Époques Classiques

- 3000-332 av. J.-C. : Civilisation de l'Égypte antique.

- 800-300 av. J.-C. : Royaume de Koush en Nubie.

- 100 av. J.-C. - 700 apr. J.-C. : Civilisation d'Axoum en Éthiopie.

Moyen âge

- 700-1591 : Empire du Ghana.

- 1235-1600 : Empire du Mali.

- 1400-1591 : Empire Songhaï.

Période Moderne

- 15ème siècle : Début des explorations européennes et de la traite des esclaves transatlantique.

- 1652 : Fondation de la Colonie du Cap par les Hollandais en Afrique du Sud.

Colonisation

- 1884-1885 : Conférence de Berlin, division de l'Afrique par les puissances européennes.

- 1899-1902 : Guerre des Boers en Afrique du Sud.

Luttes pour l'Indépendance

- 1951 : Libye devient indépendante.

- 1957 : Ghana devient le premier pays africain subsaharien à obtenir son indépendance.

- 1960 : "Année de l'Afrique" - 17 pays africains obtiennent leur indépendance.

- 1963 : Création de l'Organisation de l'unité africaine (OUA).

- 1975 : Indépendance de l'Angola et du Mozambique.

87

Période Contemporaine

- 1990 : Namibie obtient son indépendance.

- 1994 : Fin de l'apartheid en Afrique du Sud, Nelson Mandela devient président.

- 2002 : Transformation de l'OUA en Union africaine (UA).

- 2011 : Indépendance du Soudan du Sud.

- 2020 : Début de la mise en œuvre de la Zone de libre-échange continentale africaine (ZLECA).

Glossaire

Termes Culturels

- **Ubuntu** : Un concept africain de communauté et d'humanité partagée, souvent traduit par "Je suis parce que nous sommes".

- **Griot** : Un poète, musicien et conteur traditionnel en Afrique de l'Ouest, gardien de l'histoire orale.

- **Dot (Lobola)** : Une pratique traditionnelle où la famille du marié offre des cadeaux ou de l'argent à la famille de la mariée en reconnaissance de l'union.

- **Fête des Masques** : Une célébration traditionnelle en Afrique de l'Ouest où des masques sont portés pour représenter des esprits ou des ancêtres.

- **Kente** : Un tissu coloré et symbolique tissé à la main, originaire du Ghana.

Termes Religieux

- **Animisme** : Une croyance selon laquelle les objets, les lieux et les créatures possèdent une essence spirituelle.

- **Vaudou** : Une religion syncrétique d'origine africaine pratiquée principalement en Haïti et en Afrique de l'Ouest, intégrant des éléments de plusieurs croyances africaines et chrétiennes.

- **Orisha** : Divinités ou esprits de la religion yoruba, adorés principalement au Nigeria et au Bénin.

- **Juju** : Une forme de magie traditionnelle et de pratiques religieuses en Afrique de l'Ouest.

- **Sangoma** : Un guérisseur traditionnel et spirituel en Afrique du Sud, souvent considéré comme un intermédiaire entre les vivants et les esprits.

Termes Philosophiques

- **Négritude** : Un mouvement littéraire et philosophique affirmant la valeur et la richesse des cultures africaines, fondé par des intellectuels noirs francophones dans les années 1930.

- **Pan-Africanisme** : Une idéologie et un mouvement politique visant à unir les peuples d'Afrique et de la diaspora africaine, et à promouvoir les droits et la liberté de tous les Africains.

- **Afrofuturisme** : Un courant culturel qui combine la science-fiction, l'histoire et la fantasy pour explorer les expériences et les perspectives des Afro-descendants.

- **Décolonisation** : Le processus par lequel les nations africaines ont accédé à l'indépendance politique après la domination coloniale européenne.

- **Ubuntu** : Une philosophie africaine centrée sur la compassion et l'humanisme, souvent résumée par l'expression "Je suis parce que nous sommes".

Termes Économiques et Politiques

- **Indépendance** : Le processus par lequel une nation obtient la souveraineté et l'autonomie après avoir été sous domination étrangère.

- **Nationalisme** : Un sentiment de fierté et de loyauté envers son pays, souvent associé à des mouvements politiques pour l'indépendance et la souveraineté.

- **Corruption** : L'abus de pouvoir pour des gains personnels ou des avantages illégaux, souvent considéré comme un obstacle majeur au développement en Afrique.

- **Développement Durable** : Un modèle de croissance économique qui répond aux besoins du présent sans compromettre la capacité des générations futures à répondre aux leurs.

- **Zone de Libre-Échange Continentale Africaine (ZLECA)** : Un accord commercial visant à créer un marché unique pour les biens et services à travers l'Afrique.

Bibliographie Complète et Annotée

Livres :

1. Achebe, Chinua. _Le Monde s'effondre_. Éditions Actes Sud, 1998.

   - **Résumé** : Ce roman classique explore les effets de la colonisation britannique et de la religion chrétienne sur les populations indigènes du Nigeria à la fin du XIXe siècle, à travers l'histoire d'Okonkwo, un chef de village respecté.

   - **Annotation** : Achebe met en lumière les tensions entre les valeurs traditionnelles africaines et les influences coloniales, fournissant un aperçu poignant des bouleversements culturels et sociaux.

2. Appiah, Kwame Anthony. _La Réflexion Africaine_. Éditions Fayard, 2011.

   - **Résumé** : Ce livre examine les identités culturelles en Afrique, l'impact de la modernité et les questions de développement.

   - **Annotation** : Appiah propose une réflexion profonde sur les défis contemporains en Afrique, en soulignant l'importance de redéfinir l'identité africaine dans un contexte globalisé.

3. Coates, Ta-Nehisi. _Une Colère Noire_. Éditions Autrement, 2015.

   - **Résumé** : Lettre de l'auteur à son fils, exposant les réalités de la vie en tant que Noir aux États-Unis et les héritages de la violence raciale.

   - **Annotation** : Bien que centré sur l'expérience afro-américaine, ce livre résonne avec les luttes et les aspirations des Africains en matière de justice et d'égalité.

4. Diop, Cheikh Anta. _Civilisation ou Barbarie : Anthropologie sans complaisance_. Présence Africaine, 1981.

- **Résumé** : Une étude approfondie des civilisations africaines anciennes, remettant en question les perceptions eurocentriques de l'histoire africaine.

- **Annotation** : Diop offre des preuves substantielles de la richesse des contributions africaines à la civilisation mondiale, renforçant la fierté et l'identité culturelle africaines.

5. Fanon, Frantz. _Les Damnés de la Terre_. Éditions La Découverte, 1961.

- **Résumé** : Analyse révolutionnaire des effets psychologiques et culturels de la colonisation, appelant à la révolte des peuples colonisés.

- **Annotation** : Fanon décrit avec passion et colère les souffrances des peuples colonisés et propose une voie vers la libération et la reconstruction postcoloniale.

6. Mbembe, Achille. _Critique de la Raison Nègre_. Éditions La Découverte, 2013.

- **Résumé** : Une exploration des idées raciales et de la condition postcoloniale en Afrique et dans le monde noir.

- **Annotation** : Mbembe offre une critique incisive des concepts de race et de modernité, proposant une nouvelle façon de comprendre la condition africaine contemporaine.

7. Ngugi wa Thiong'o. _Décoloniser l'esprit : La politique de la langue dans la littérature africaine_. Présence Africaine, 1986.

- **Résumé** : Réflexion sur l'impact de la langue coloniale sur la culture et la littérature africaines.

- **Annotation** : Ngugi argue pour l'importance de l'utilisation des langues africaines dans la littérature comme moyen de libération culturelle et intellectuelle.

8. Nkrumah, Kwame. _Africa Must Unite_. Heinemann, 1963.
  - **Résumé** : Appel à l'unité panafricaine pour surmonter les défis du néocolonialisme et du développement.
  - **Annotation** : Nkrumah présente une vision ambitieuse d'unité et de solidarité africaines comme voie vers la prospérité et l'indépendance véritables.

9. Rodney, Walter. _How Europe Underdeveloped Africa_. Bogle-L'Ouverture Publications, 1972.
  - **Résumé** : Analyse critique de l'impact de la colonisation européenne sur le développement économique de l'Afrique.
  - **Annotation** : Rodney démontre comment les politiques coloniales ont systématiquement appauvri l'Afrique, soulignant la nécessité de politiques économiques indépendantes et de justice réparatrice.

10. Soyinka, Wole. _Aké : Les années d'enfance_. Éditions Seuil, 1981.
  - **Résumé** : Autobiographie de l'enfance de Wole Soyinka, prix Nobel de littérature, dans le Nigeria colonial.
  - **Annotation** : Soyinka décrit avec vivacité la culture et les traditions de son enfance, offrant une perspective personnelle sur la colonisation et l'éducation.

Articles académiques :

1. Ake, Claude. "Democracy and Development in Africa." _The Journal of Modern African Studies_, vol. 30, no. 1, 1992, pp. 3-22.
   - **Résumé** : Discussion sur la relation entre démocratie et développement en Afrique.
   - **Annotation** : Ake souligne les défis particuliers de l'instauration de la démocratie en Afrique et propose des voies pour un développement inclusif et durable.

2. Gyekye, Kwame. "African Cultural Values: An Introduction." _African Journal of Philosophy_, vol. 8, no. 2, 1994, pp. 12-34.
   - **Résumé** : Exploration des valeurs culturelles africaines et leur pertinence dans le monde contemporain.
   - **Annotation** : Gyekye met en lumière l'importance des valeurs culturelles africaines pour le développement moral et social.

3. Mazrui, Ali A. "The African Condition: A Political Diagnosis." _International Journal of African Studies_, vol. 1, no. 1, 1984, pp. 1-20.
   - **Résumé** : Diagnostic des problèmes politiques en Afrique et propositions de solutions.
   - **Annotation** : Mazrui offre une analyse détaillée des obstacles politiques et propose des réformes pour améliorer la gouvernance en Afrique.

4. Ndlovu-Gatsheni, Sabelo J. "Coloniality of Power in Development Studies and the Impact of Global Imperial Designs on Africa." _African Journal of Rhetoric_, vol. 7, no. 1, 2015, pp. 15-43.
   - **Résumé** : Étude de l'influence des structures de pouvoir coloniales sur les études de développement et l'Afrique contemporaine.

- **Annotation** : Ndlovu-Gatsheni expose les dynamiques de pouvoir héritées de la colonisation et leur impact sur le développement économique et social de l'Afrique.

5. Smith, Linda Tuhiwai. "Decolonizing Methodologies: Research and Indigenous Peoples." _Journal of Postcolonial Writing_, vol. 39, no. 2, 1999, pp. 207-219.
   - **Résumé** : Critique des méthodes de recherche occidentales et plaidoyer pour des approches de recherche décolonisées.
   - **Annotation** : Smith propose des méthodologies de recherche qui respectent les connaissances et les pratiques des peuples autochtones, encourageant une recherche éthique et inclusive.

Rapports et études :

1. **Banque Mondiale**. _Le développement en Afrique : Progrès et défis_. Rapport annuel, 2022.
   - **Résumé** : Évaluation annuelle des progrès économiques et des défis en Afrique.
   - **Annotation** : Ce rapport fournit des données actualisées et des analyses sur l'état du développement en Afrique, soulignant les domaines nécessitant des améliorations et des investissements.

2. **Commission Économique pour l'Afrique**. _L'état de l'intégration régionale en Afrique_. Nations Unies, 2021.
   - **Résumé** : Analyse de l'état et des perspectives de l'intégration régionale en Afrique.
   - **Annotation** : Le rapport met en évidence les progrès réalisés dans

l'intégration régionale et les obstacles à surmonter pour atteindre une plus grande cohésion économique et politique.

3. **PNUD**. _Rapport sur le développement humain 2023 : Les inégalités mondiales et leurs impacts en Afrique_. Programme des Nations Unies pour le Développement, 2023.

- **Résumé** : Évaluation des inégalités mondiales et leur impact sur le développement humain en Afrique.

- **Annotation** : Ce rapport offre une analyse détaillée des inégalités en Afrique, proposant des politiques pour réduire ces disparités et promouvoir un développement humain équitable.

Sources en ligne :

1. **Union Africaine**. "Agenda 2063: The Africa We Want." African Union, www.au.int/en/agenda2063.

- **Résumé** : Vision stratégique de l'Union africaine pour le développement socio-économique de l'Afrique d'ici 2063.

- **Annotation** : Le document décrit les objectifs et les actions nécessaires pour réaliser une Afrique prospère et intégrée, basée sur les valeurs communes et une unité collective.

2. **Global Witness**. "Natural Resource Governance in Africa." Global Witness, www.globalwitness.org/en/campaigns/natural-resource-governance.

- **Résumé** : Rapport sur la gouvernance des ressources naturelles en Afrique, mettant en lumière la corruption et l'exploitation.

- **Annotation** : Global Witness propose des recommandations pour améliorer la transparence et la gestion des ressources naturelles, essentielles pour le développement durable de l'Afrique.

<h2 style="text-align:center">Entretiens et Témoignages</h2>

Entretien avec Mariam, Jeune Entrepreneure en Afrique de l'Ouest

Q : Pouvez-vous nous parler de votre parcours entrepreneurial et des défis que vous avez rencontrés ?

Mariam : J'ai commencé mon entreprise de transformation de produits agricoles il y a cinq ans. Au départ, c'était difficile à cause du manque de financements et des infrastructures inadéquates. Cependant, avec beaucoup de persévérance et de soutien communautaire, j'ai pu surmonter ces obstacles. L'accès au marché reste un défi majeur, mais j'ai appris à adapter mes stratégies pour maximiser les ressources disponibles.

Q : Comment voyez-vous l'avenir de l'entrepreneuriat en Afrique ?

Mariam : Je suis très optimiste. De plus en plus de jeunes prennent des initiatives pour créer des entreprises innovantes qui répondent aux besoins locaux. Avec des politiques favorables et un meilleur accès aux financements, je suis convaincue que l'Afrique peut devenir un hub entrepreneurial majeur.

Témoignage de Kofi, Ancien Militant pour l'Indépendance

Q : Qu'est-ce qui vous a motivé à vous engager dans la lutte pour l'indépendance de votre pays ?

Konaté : J'ai grandi dans une époque où la colonisation imposait de nombreuses restrictions et injustices. Voir les inégalités et la marginalisation de mon peuple m'a poussé à agir. J'ai rejoint le mouvement pour l'indépendance parce que je croyais fermement en notre droit à l'autodétermination et à la liberté.

Q : Quels ont été les moments les plus marquants de votre lutte ?

Konaté : Il y a eu des moments de grande adversité, mais aussi de triomphe. Le jour où notre drapeau a été levé pour la première fois après l'indépendance est gravé dans ma mémoire. C'était la preuve que nos sacrifices n'étaient pas vains et que l'avenir appartenait à notre peuple.

Entretien avec Amina, Militante pour les Droits des Femmes

Q : Quelles sont les principales barrières auxquelles les femmes africaines sont confrontées aujourd'hui ?

Amina : Les femmes en Afrique font face à des défis multiples, allant des inégalités économiques aux violences basées sur le genre. L'accès limité à l'éducation et aux opportunités économiques est une grande barrière. Il est crucial de promouvoir des politiques qui favorisent l'égalité des sexes et d'éduquer les communautés sur l'importance des droits des femmes.

Q : Pouvez-vous partager une réussite dans votre combat pour les droits des femmes ?

Amina : Un des moments dont je suis le plus fière est l'adoption d'une loi contre les mutilations génitales féminines dans mon pays. C'était le résultat de nombreuses années de plaidoyer et de sensibilisation. Bien qu'il reste beaucoup à faire, cette victoire législative montre que le changement est possible.

Témoignage de John, Immigrant Africain en Europe

Q : Pourquoi avez-vous décidé de quitter votre pays d'origine ?

John : Les opportunités économiques limitées et les instabilités politiques m'ont poussé à chercher une vie meilleure en Europe. C'était une décision difficile, mais je voulais offrir à ma famille une chance de prospérer.

Q : Comment a été votre expérience d'intégration en Europe ?

John : L'adaptation n'a pas été facile. Il y a eu des moments de discrimination et de défis culturels. Cependant, avec le temps, j'ai réussi à trouver ma place. J'ai pu poursuivre mes études et trouver un emploi stable. Aujourd'hui, je m'efforce de contribuer à ma communauté d'origine et à la société qui m'a accueilli.

Entretien avec Fatou, Enseignante en Afrique Subsaharienne

Q : Quels sont les défis auxquels vous êtes confrontée en tant qu'enseignante ?

Fatou : Les ressources limitées et les grandes tailles de classe sont des défis constants. Nous manquons souvent de matériels pédagogiques et d'infrastructures adéquates. De plus, la pauvreté affecte beaucoup de nos élèves, rendant l'assiduité scolaire difficile.

Q : Quelles sont vos aspirations pour l'éducation en Afrique ?

Fatou : Je rêve d'un système éducatif où chaque enfant a accès à une éducation de qualité, peu importe ses origines. Il est essentiel d'investir dans la formation des enseignants, les infrastructures scolaires et les programmes d'alimentation scolaire pour garantir que nos enfants puissent apprendre dans de bonnes conditions.

Témoignage de Samuel, Ancien Enfant Soldat

Q : Pouvez-vous nous parler de votre expérience en tant qu'enfant soldat?

Samuel : J'ai été enlevé à l'âge de 12 ans par un groupe rebelle. Les années suivantes ont été marquées par la violence et la peur. Nous étions forcés de combattre et de commettre des actes horribles. Heureusement, j'ai réussi à m'échapper et à trouver refuge dans un centre de réhabilitation.

Q : Comment avez-vous réussi à reconstruire votre vie après cette expérience ?

Samuel : La réintégration n'a pas été facile, mais grâce au soutien des organisations humanitaires et de la communauté, j'ai pu retourner à l'école et commencer à guérir. Aujourd'hui, je travaille pour sensibiliser sur les dangers de l'enrôlement des enfants et pour aider d'autres jeunes à reconstruire leur vie.

Textes et Documents Historiques

Discours d'Indépendance de Kwame Nkrumah (Ghana, 1957)

Extrait :

"L'indépendance de Ghana est significative et importante non seulement pour nous, mais pour toute l'Afrique. Nous devons nous unir pour prouver que nous sommes capables de gérer nos propres affaires et de bâtir une nation forte et prospère. Le temps est venu pour l'Afrique de se lever et de faire entendre sa voix dans le concert des nations."

Lettre de Nelson Mandela depuis la Prison de Robben Island (1969)

Extrait :

"Chers camarades, l'importance de notre lutte ne peut être sous-estimée. Chaque sacrifice, chaque acte de courage nous rapproche un peu plus de notre objectif ultime de liberté et de justice pour tous les Sud-Africains. Restez forts et déterminés, car l'ombre de l'oppression sera bientôt remplacée par la lumière de la liberté."

Discours de Patrice Lumumba à la Cérémonie de l'Indépendance du Congo (30 juin 1960)

Extrait :

"Nous avons connu les ironies, les insultes, les coups que nous devions subir matin, midi et soir, parce que nous étions des nègres. Nous avons connu que nos terres furent spoliées au nom de textes prétendument légaux qui ne faisaient que reconnaître celui du plus fort. Tout cela est désormais fini. Le Congo est proclamé souverain et indépendant."

Charte de l'Organisation de l'Unité Africaine (1963)

Extrait :

"Nous, chefs d'État et de gouvernement des États africains, convaincus que l'unité africaine peut contribuer au progrès général de l'Afrique et au bien-être de ses peuples, résolus à coordonner et intensifier notre coopération et nos efforts pour offrir de meilleures conditions de vie aux peuples d'Afrique, adoptons la présente Charte de l'Organisation de l'Unité Africaine."

Discours de Wangari Maathai lors de la Réception du Prix Nobel de la Paix (2004)

Extrait :

"Je suis convaincue que nous devons redoubler d'efforts pour protéger notre environnement naturel. Les arbres que nous plantons sont un symbole de paix et d'espérance pour les générations futures. En honorant la Terre, nous honorons notre héritage et garantissons un avenir durable à notre planète."

Déclaration de Harare de la Communauté de Développement d'Afrique Australe (SADC) (1997)

Extrait :

"Nous, membres de la Communauté de Développement d'Afrique Australe, réaffirmons notre engagement à promouvoir la paix, la sécurité et le développement durable dans notre région. Nous croyons fermement en la coopération et l'intégration régionales comme moyens de parvenir à une croissance économique équitable et à l'amélioration des conditions de vie de nos populations."

Extrait de la Déclaration de Bamako sur la Démocratie, les Droits de l'Homme et les Libertés (2000)

Extrait :

"Nous, représentants des États africains réunis à Bamako, réaffirmons notre engagement en faveur des principes démocratiques, des droits de l'homme et des libertés fondamentales. Nous nous engageons à renforcer les institutions démocratiques et à garantir que les gouvernements soient responsables et transparents devant leurs citoyens."

Proclamation de l'Union Africaine (2002)

Extrait :

"L'Union Africaine est fondée sur la vision d'une Afrique intégrée, prospère et pacifique, dirigée par ses propres citoyens et représentant une force dynamique sur la scène mondiale. Nous nous engageons à poursuivre les idéaux de la solidarité africaine, du panafricanisme et de la renaissance africaine."

Extrait du Manifeste du Mouvement Panafricain de Marcus Garvey (1925)

Extrait :

> "L'Afrique aux Africains, à ceux de chez et ceux d'ailleurs. Nous croyons en la résurrection d'une grande et puissante Afrique, une nation noire libre et indépendante, où les peuples africains peuvent vivre en paix et en dignité. Le temps est venu pour nous de revendiquer notre héritage et de bâtir un avenir radieux pour nos descendants."

Discours de Thomas Sankara sur le Développement Durable (1984)

Extrait :

"Nous devons rompre avec les modèles de développement qui nous ont été imposés et trouver des solutions adaptées à nos réalités. La lutte pour l'émancipation de notre peuple passe par la valorisation de nos ressources naturelles et humaines. Nous devons croire en notre capacité à transformer notre société pour qu'elle soit plus juste et équitable."

Études de Cas

Étude de Cas 1: Le Développement Économique du Rwanda après le Génocide

Contexte Historique :

Après le génocide de 1994, le Rwanda était un pays en ruines. Les infrastructures étaient détruites, l'économie était en lambeaux, et la population traumatisée.

Stratégies de Redressement :

- **Réconciliation et Justice** : Le gouvernement a mis en place des tribunaux Gacaca pour favoriser la réconciliation et la justice communautaire.

- **Bonne Gouvernance** : Sous la direction de Paul Kagame, le Rwanda a adopté des politiques de bonne gouvernance et de lutte contre la corruption.

- **Investissements dans les TIC** : Le Rwanda s'est positionné comme un hub technologique en Afrique de l'Est, avec des investissements massifs dans les technologies de l'information et de la communication.

- **Développement Humain** : Investissements dans l'éducation et la santé, avec des programmes comme "Mutuelle de Santé" pour fournir une couverture médicale à tous les citoyens.

Résultats :

- **Croissance Économique** : Le Rwanda a connu une croissance économique rapide, avec un PIB en constante augmentation.

- **Réduction de la Pauvreté** : Les taux de pauvreté ont diminué de manière significative, et l'accès à l'éducation et aux services de santé s'est amélioré.

- **Stabilité Politique** : Le pays a maintenu une stabilité politique relative, favorisant un environnement propice aux investissements.

Étude de Cas 2: Le Développement Urbain Durable de Kigali

Problématique :

Kigali, la capitale du Rwanda, a dû se reconstruire après le génocide et répondre aux besoins d'une population en croissance rapide.

Stratégies Adoptées :

- **Planification Urbaine** : Mise en place de plans directeurs pour le développement urbain, incluant des zones résidentielles, commerciales et industrielles bien définies.

- **Infrastructures Vertes** : Promotion des espaces verts et des projets de développement durable, comme le traitement des eaux usées et la gestion des déchets.

- **Transport Public** : Développement d'un système de transport public efficace pour réduire les embouteillages et la pollution.

- **Logement** : Programmes de construction de logements abordables pour répondre à la demande croissante de logements.

Impact :

- **Qualité de Vie** : Amélioration significative de la qualité de vie des habitants de Kigali, avec un accès accru aux services de base et à un environnement propre.

- **Attractivité** : Kigali est devenue une ville attractive pour les investisseurs et les touristes, renforçant l'économie locale.

Étude de Cas 3: Le Succès de la Microfinance au Kenya

Contexte :

Au Kenya, une grande partie de la population n'a pas accès aux services financiers traditionnels, ce qui limite les opportunités économiques.

Initiative :

- **Fondation de M-Pesa** : Introduction de M-Pesa, un service de transfert d'argent mobile, par Safaricom en 2007.

- **Microfinance** : Expansion des institutions de microfinance pour offrir des prêts et des services financiers aux populations marginalisées.

Impact :

- **Inclusion Financière** : Des millions de Kenyans ont désormais accès aux services financiers, facilitant les transactions, l'épargne et les investissements.

- **Entrepreneuriat** : Les micro-prêts ont permis à de nombreux petits entrepreneurs de démarrer ou d'étendre leurs entreprises, stimulant l'économie locale.

- **Autonomisation** des Femmes : Les femmes, en particulier, ont bénéficié de l'accès au crédit, améliorant leur autonomie financière et leur participation économique.

Étude de Cas 4: L'Agriculture Durable au Burkina Faso

Problématique :

Le Burkina Faso fait face à des défis environnementaux, notamment la désertification et la variabilité climatique, affectant la sécurité alimentaire.

Stratégies :

- **Zai et Demi-lunes** : Adoption de techniques traditionnelles comme les "zai" et les "demi-lunes" pour retenir l'eau et restaurer les terres dégradées.

- **Agroforesterie** : Plantation d'arbres parmi les cultures pour améliorer la fertilité du sol et fournir des ressources supplémentaires.

- **Formation et Sensibilisation** : Programmes de formation pour les agriculteurs sur les pratiques agricoles durables et la gestion des ressources naturelles.

Résultats :

- **Augmentation de la Production** : Amélioration des rendements agricoles et de la sécurité alimentaire pour les communautés locales.

- **Restauration des Écosystèmes** : Réduction de la désertification et restauration des terres dégradées, contribuant à un environnement plus résilient.

Étude de Cas 5: La Révolution des Énergies Renouvelables en Afrique du Sud

Contexte :

L'Afrique du Sud dépendait fortement des combustibles fossiles pour son énergie, ce qui contribuait à la pollution et aux problèmes de santé publique.

Initiatives :

- **Programme REIPPPP** : Lancement du Renewable Energy Independent Power Producer Procurement Programme (REIPPPP) pour attirer des investissements dans les énergies renouvelables.

- **Énergie Solaire et Éolienne** : Développement massif de projets solaires et éoliens à travers le pays.

Impact :

- **Diversification Énergétique** : Réduction de la dépendance aux combustibles fossiles et augmentation de la part des énergies renouvelables dans le mix énergétique.

- **Création d'Emplois** : Génération de milliers d'emplois dans le secteur des énergies renouvelables, stimulant l'économie locale.

- **Réduction des Émissions** : Contribution significative à la réduction des émissions de gaz à effet de serre et à l'amélioration de la qualité de l'air.

À PROPOS DE L'AUTEUR

Diplômé en Sciences économiques de l'Université de Yaoundé 2 et de la Michigan State University School of Journalism, Jean EDIE incarne la quintessence de l'érudition et de la polyvalence. Sa carrière est marquée par une passion insatiable pour l'apprentissage et le partage de connaissances, ainsi que par une détermination inébranlable à transformer les défis en opportunités.

Après une brillante carrière d'enseignant au Gabon, Jean a décidé de diversifier ses compétences en rejoignant le secteur des assurances vie chez Prudential Cameroun. Là, il a acquis des compétences marketing précieuses et un sens aiguisé des affaires, qui lui ont permis de se forger une réputation de vendeur efficace et de stratège astucieux.

Fort de ces expériences enrichissantes, Jean a décidé d'opérer une révolution personnelle et professionnelle en embrassant une nouvelle carrière d'Infopreneur. Il s'est engagé avec passion dans la création et la diffusion de contenus informatifs et éducatifs, aidant ainsi un large public à naviguer dans le monde numérique et à en tirer profit.

En tant que Président fondateur de l'Association Camerounaise pour le Marketing Digital, Jean EDIE joue un rôle crucial dans la promotion et le développement du marketing digital au Cameroun. Son leadership et sa vision ont permis à de nombreux entrepreneurs et entreprises de se lancer avec succès dans l'ère numérique.

Son livre, "Dieu, l'Afrique et Moi: Réponses Divines aux Interrogations d'un Jeune Africain", est une œuvre qui puise dans ses riches expériences personnelles et professionnelles. Inspiré par son propre parcours et par les défis qu'il a surmontés, Jean explore les questions profondes et les préoccupations des jeunes Africains, offrant des réponses empreintes de sagesse et de spiritualité.

Jean EDIE continue de vivre sa mission avec passion, transformant chaque défi en une opportunité de croissance et de partage. Ses écrits et ses initiatives témoignent de son engagement indéfectible envers l'éducation, le développement personnel et la transformation positive de la société africaine.

Printed by Books on Demand GmbH, Norderstedt / Germany